마음의
진화

인류의 유전정보

마음의 진화

함영도 지음

무의식의 본질을 찾아 떠나는
인문자연사 여행!

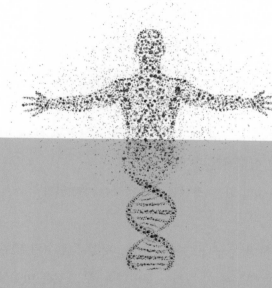

사람의 행적은 데이터화 되어 저장되고,
전수되어 기억된다.
이 데이터가 마음의 원천이다!

생각나눔

글
머리에

인류의 유전정보는 무엇일까…?
생체적 정보인 DNA뿐일까…?

　사람과 침팬지의 DNA가 98% 이상 같다고 한다. 2%가 사람과 동물을 구분하는 차이라면 이해할 수 있을까?

　사람과 동물의 차이는 생체적 특성보다 정신적 특성의 차이에서 오는 것일 수 있다.

　정신적 유전정보는 사람과 침팬지가 2% 유사하고, 98% 이상 다르다고 보는 것이 합리적일 수 있다.

　그렇다면, 98%의 다른 정신적 유전정보는 무엇일까?

　유전정보라 하면 누구나 가지고 있고, 저절로 전수된 인류만의 정신 인자로 봐야 하는데…, 그것이 무엇일까…? 그것은 마음일까…?

본 글에서는 옳고 그름을 논하는 것이 아니고 서로 다를 수 있는 개인적인 생각과 상상력을 표현한 것입니다.

불합리하다면 '그렇게 생각하는 사람도 있구나?' 하고, 마음에 두지 않았으면 합니다. 그러나 약간의 의미가 있다고 생각하면 저의 무능함을 깨우쳐 주시면 감사하겠습니다.

그리고 이 글이 생각의 다양성을 수용하는 너그러움과, 주변의 여러 갈등의 이해에 도움이 되었으면 합니다.

석산 함영도 드림

CONTENTS

글 머리에

Part 1_ 인류의 유전정보

Part 2_ 인류의 시원

Part 3_ 마음의 가설

Part 4_ 마음의 흐름

인류의
유전정보

PART 1

1. 미물의 유전정보

1-1 ▶ 숲길 산책

10여 년 전부터 새벽 산책을 하는 습관이 생겼다. 전에는 그 시간에 책을 보면서 지났는데….

복잡한 심사도 정리하고 나이가 들면서 건강을 위해서 가벼운 운동 삼아, 마을 길을 거닐거나 가까운 강변길을 산책하면서 약 4km 정도 구간을 조용히 걷는 시간은 상당히 유익했다.

일상 업무들의 잡다함 정리라든가, 사회관계의 조정 또는 개인적인 문제의 정리 등이 쉽게, 선명하게 정리되는 느낌이어서 많은 도움을 얻었다.

누군가 그 시간, 즉 새벽 다섯 시 전후의 한 시간을 신과 소통하는 시간이라고 한 것을 들은 적이 있다. 산사의 예불 시간과 교회 등의 새벽기도 시간과도 겹치기 때문인 듯하다.

그래서인지 많은 문제가 그 시간대에서 정리되어 일상의 활력을 찾고 새로움으로 나아갈 수 있었다.

주 5일 근무제가 정착되면서, 주 1~2회 등산 내지는 숲길 산책을 나설 기회가 생겨서 자연을 접하고 숲을 함께 할 수 있는 더 좋은 기회가 된 것 같다. 조용히 숲길을 산책하면서 마음의 순화와 일상의 무거운 짐을 내려놓을 수 있는 것 같아 또 다른 기쁨으로 다가왔다.

늦은 봄에서 초가을까지는 새벽 다섯 시 전후에 날이 새므로, 가까운 등산코스로 2~3시간 거리면 가벼운 산책을 마치고 출근

할 수 있는 여건이 되고 그 외의 기간은 주말과 휴일을 이용하면 마을 주변 산책과는 또 다른 느낌을 얻을 수 있어 많은 도움이 되는 것 같다.

등산로나 산책로 입구에서 여명을 맞으며 숲길을 들어서면, 아무도 걷지 않은 신선함에 뿌듯함을 느끼게 되고 산을 오르면서 체중의 무거움을 느낄 때면 마음속의 욕심을 하나씩 내려놓으면서 일출을 맞는 기분도 또한 즐거움으로 다가올 수 있다.

정상에서의 시원함과 시야의 확 트임은 일상의 갑갑함에서 해방감을 느끼기에는 충분한 선물이었다.

1-2 ▶ 도토리거위벌레

태풍이 부는 계절이어서 지난밤에 강풍이 지나간 흔적인가? 숲길 한 구간을 신갈나뭇가지와 잎으로 온통 채워져 있어, 새벽 첫걸음이 그린카펫을 걷는 기분으로 산을 내려온 적이 있었다.

그러나 그다음번은 전날의 바람도 없었는데 온 길을 뒤덮은 도토리 나뭇잎. 왜?

무슨 일이 있었는가? 처음에는 별 관심 없이 산을 내려왔다.

　다음 해에도 8월 하순이면 반복되는 그린카펫…, 무슨 일인가 하여, 관심을 가지고 보게 되었다.

* 출처: https://blog.naver.com/ume0222/110139636491

도토리나무 열매가 몇 개 있고, 나뭇잎이 여러 개 달린 가지의 끝자락에 예리한 절단면을 보게 되었다. 바람이 불어 그런 것은 아니고, 해마다 나뭇가지를 자르는 무엇인가가 있다는 것인데 왜? 무엇 때문에, 도토리 가지를 잘라 낼까? 궁금증이 생겨서 산림보호학을 전공하고 해충에 관심이 많은 지인에게 물어본 바 도토리거위벌레의 산란 후 육아를 위한 행위란다.

　도토리거위벌레가 도토리의 어린 과육에 구멍을 뚫어, 그 속에 알을 낳아 두고 가지 끝을 입으로 잘라둔 것이다. 애벌레가 과육을 먹고 자라서 월동을 위해 땅속으로 들어가는 과정에서 포식자인 새들로부터 애벌레를 보호하기 위한 모성의 숭고함이었다. 많은 가지를 잘라서 땅에 떨어트려 애벌레가 쉽게 땅속으로 들어갈 수 있는 기회를 제공하는 것이라니, 참으로 놀라운 지혜인 것 같다.

이렇듯 하잘것 없는 미물도 2세를 위해 배운 적이 없는 일을 하는 것은 무슨 조화일까? 학습해 줄 선대가 없는데 어떻게 이런 행위를 할 수 있을까?

이것을 무엇이라 해야 할까? 유전정보일까? 만일 그렇다면, 미물인 곤충도 그럴 진데 사람은 어떨까? 약간의 충격을 받았다. 사람은 어떤 유전정보가 있을까…?

1-3 ▶ 누에의 고치 짓기

어릴 때 시골에서 살았기에 농가 부업으로 누에치기가 장려된 적이 있었다. 6~70년대에는 봄, 가을, 두 철 약 한 달간 누에를 기르면 상당한 수입이 생겨 가난한 농가의 생계에, 큰 도움이 되었다.

학교를 파하고 집에 오면 뽕잎을 따야 하는 수고로움도 있었고 비가 오는 날이면 고역으로 다가와 어려운 점도 있었다.

애벌레가 뽕잎을 먹고 네 번 잠을 자고 나면 섶에 올라 고치 짓기에 들어간다. 누에는 한 번 잠을 잘 때마다, 허물을 벗어 몸집이 커지는 과정을 거친다. 마지막 잠을 잘 때 잠상에 소나무 가지를 세워두면 나무를 타고 올라 솔잎 사이에서 하얀 실을 뽑아 자기 몸을 보호할 집을 짓기 시작한다.

성체도 아닌 애벌레가, 성충으로 우화하는 과정에서 보호를 위해 순백의 땅콩 모양의 집을 짓는 것을 보면서 환상적이고 너무나 아름답다는 생각을 한 적이 있다.

어미가 없으니 가르친 이도 없는데, 어떻게 저렇게 예쁜 새하얀 고치를 지을 수 있을까? 아무도 가르친 적이 없고 성체가 된 곤충도 아닌 애벌레가…. 이것은 무엇일까? 유전정보일까…?

1-4 ▶ 모나크 왕나비

80년대 TV 보급이 보편화 되었을 때부터, 상당히 관심을 두고 보는 TV 프로그램이 생겼다.

주로 역사에 관련된 사극이라든가 또는 자연과 관계되는 다큐

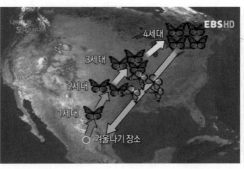

* 출처: https://blog.naver.com/tonvie/150135570966

물을 관심 있게 보고 있다. 특히, 동물의 왕국과 같은 자연 다큐를 시청하는 편인데 BBC가 제작하고 EBS가 방영한 자연 다큐로 모나크 왕나비의 이동에 관한 영상물을 본 적이 있다.

모나크 왕나비 또는 모나크 나비라고 하는 곤충이 멕시코에서 미국 남부로 이동하고 거기서 다음 세대가 미국 중부로, 그리고 다음 세대가 캐나다까지 이동한 후 4세대째. 이를 '슈퍼 세대'라 하면서 캐나다에서 멕시코로 이동하여 4세대에 걸쳐 북미를 순환하는 나비 종을 소개한 것이었다.

순환하는 동안 각 구간을 각각 다른 세대가 움직이므로, 선대에서 가르쳐줄 수 있는 상황이 아닌데 어떻게 4세대째가 되면, 다시 본래의 출발지로 돌아오는지?

그 비결을 무엇으로 설명할 수 있는가? 1~3세대의 이동 거리보

다, 수배 먼 거리를 이동하는 4세대의 능력도 불가사의지만 이들
은 어떻게 그 먼 길을 순환할 수 있는 것인지 놀랍고 궁금할 수밖
에 없었다. 이것도 유전정보일까?

유전정보가 아니면 이들의 순환을 유도하는 어떤 얼개(메커니즘)
가 있는 것인가?

1-5 ▶ 뻐꾸기의 탁란

* 출처: http://cafe.daum.net/maisonblue/6eYW/488?q=%BB%B5%B2%D9%B1
%E2%C0%C7%20%C5%B9%B6%F5&re=1

우리나라 텃새의 한 종인 붉은 머리 오목눈이라는 뱁새가 있는
데, 번식 철이 되어 둥지를 틀고 알을 낳기 시작하면 뻐꾸기란 놈
이 가끔 둥지를 엿보고 있다고 한다.

뱁새가 3~4개의 알을 낳으면 뻐꾸기가 그중 하나를 둥지 밖으

로 버리고, 크기와 색깔이 비슷한 자신의 알을 놓아둔다고 한다. 그러면 뱁새는 그것도 모르고 정성껏 알을 품어 부화를 시킨다.

알에서 깨어나 눈도 떨어지지 않은 뻐꾸기 새끼가 먼저 깬 형 뱁새가 있으면 등으로 밀어 둥지 밖으로 떨어뜨리고 아직 부화하지 않은 알이 있으면 알도 등으로 밀어 둥지 밖으로 버린다고 한다.

그리고 어미를 독차지하고 모든 먹이를 혼자 먹으면서 자란다. 물론 크기의 차이가 있으니 어미의 먹이를 혼자 먹어야 자신의 몸집을 유지할 수 있는 것은 이해가 되지만 너무 냉혹한 것 같아 섬뜩하기까지 하다.

뻐꾸기 새끼는 어떻게, 깨어나자마자 눈도 떨어지지 않은 것이 다른 뱁새 새끼와 뱁새 알을 구분하고 이를 둥지 밖으로 밀어낼 수 있을까?

어미가 없어 가르친 적이 없는데 어떻게 생존을 위해 다른 새끼와 알을 버리는 행위를 할 수 있을까? 체구 유지를 위해 먹이 독점이 필요한 점은 인정할 수 있는데 다른 형제들을 구분하고 그들을 어깨로 밀어 둥지 밖으로 버리는 행위는 쉽게 이해가 되지 않는다.

이런 행위는 학습한 바가 없으므로 유전정보로밖에 이해할 수가 없다. 하찮은 금수도 생존의 지혜가 유전정보로 전수되고 있다면 자연의 섭리가 놀라울 따름이다.

1-6 ▶ 사람의 유전정보는…?

이렇듯 벌레, 곤충, 새들까지도 살아가기 위한 지혜가 있고 그
비책이 후대에 전수되고 있다.

그리고 그러한 비책, 즉 유전정보가 있다면 만물의 으뜸인 사람
은 어떨까? 당연히 있어야 하고 있는 것이 합리적일 것이라고 생
각된다.

만일 사람의 유전정보가 있고 그것이 전수된다면 그것은 생존
을 위한 지혜일 것이고 생존을 위한 지혜는 반드시 전수되어야 다
음 세대의 유지와 존속에 유리하게 작용했을 것이다.

사람에게 그런 것이 있다면, 그것은 무엇일까…? 언제부터인가
여기에 관심이 가끔 머물면서 더 많은 자연물과 생명체의 삶에 마
음이 끌리는 것을 어떻게 할까?

사람, 즉 인류에게도 유전정보가 있을까…?

1-7 ▶ 생각하는 능력일까?

사람은 교육을 받지 않으면 아무것도 할 수 없는 것으로 생각한
다.

과연 그러한가? 세상의 모든 부모가 자신들의 노후문제의 어려움을 접어두고 자녀들의 교육에 몰두하는 것도 그러하고…!

사람에게도 안정된 생존을 위한 유전정보가 있다면 꼭 사교육에 목맬 필요가 없을 것이 아닌가 싶다. 그러면 모든 세대의 삶이 더 안정되고 행복해지지 않을까 생각하기도 한다.

미물도 아닌 영장류의 으뜸일진데 무언가 있으니까 세상을 지배하지 않았을까? 하는 의문이, 계속 머릿속을 맴도는 것은 어찌할까?

그것은 생각하는 능력일까? 수 년 전까지만 해도, 사람의 유전정보가 생각하는 능력이라고 생각한 적이 있었다. 그렇다면, 다른 동물들은 생각할 수 없는 것일까?

1-8 ▶ 소통하는 능력일까…?

만일 사람의 유전정보가 생각하는 능력이 아니라면 무얼까? 다른 어떤 동물보다 의사소통이 원활하고, 소통하는 능력이 월등하니까!

만일 소통하는 능력이 유전정보라면 다른 동물들은 소통할 수 없을까? 다른 생명체와 구분될 수 있는 인류만의 능력, 그런 것이 있다면 그것은 무엇일까?

1-9 ▶ 알프스 검독수리와 마못(marmot)

알프스의 서쪽 끝자락 프랑스 남동부 지중해 쪽에 수려한 경관을 자랑하는 관광명소가 있다. 그곳은 깎아지른 절벽과 협곡 그리고 절벽 위 고원의 초원과 아름다운 숲으로 꾸며진 베르동 협곡이다.

그 협곡의 주변 초원에 사는 다람쥐과 대형 설치류인 마못(marmot)이라는 동물이 있다. 마못은 여름 한 철 부지런히 먹고 체중을 늘려야 겨울잠을 잘 수 있다. 짧은 여름 충분한 먹이활동을 위하여 여름 낮 시간 대부분을 초원에서 먹이활동을 해야 하는데, 협곡 절벽 위에 사는 검독수리의 영역과 겹치는 관계로 언제나 생사의 긴장 관계를 연출할 수밖에 없다.

이러한 불편을 줄이기 위해 마못들은 그들만의 지혜를 습관화했다. 한낮, 무리의 대다수 가족이 초원에서 먹이활동을 하는 동안 돌아가면서 한 녀석이 검독수리의 출현을 경계하는 보초를 서는 방법을 생존의 지혜로 발전시켰다.

협곡의 상승기류를 타고 검독수리가 떠오르면 보초 서든 마못의 경고음에 일제히 가까운 굴속으로 몸을 숨기는 지혜는 사람 못지않은 좋은 전략이었을 것이다.

순번에 따라 보초를 서는 제도와 포식자 노출 시, 경계를 발하는 시스템 그리고 경고음을 알아듣고 모두 대피하는 지혜는 생존을 위해 불가피했을 것이다.

그렇다면 마못들도 생각을 할 수 있고 위험을 경고하는 소통체계를 갖추고 있다고 봐야 할 것이다.

2. 사람도 유전정보가 있을까…?

2-1 ▶ 거북이는 어미를 본 적이 없다.

열대 해변의 여름밤, 날이 어두워지면 해변가 모래언덕을 오르는 수많은 거북의 행렬을 볼 수 있는 곳이 있다. 많은 바다거북이 산란기가 되면 자신이 태어나서 바다로 간 곳, 그 해변을 찾아 안전한 곳에 웅덩이를 파고 수많은 알을 낳은 후 사력을 다해 모래로 덮어두고 날이 밝기 전에 해변을 떠나 바다로 돌아간다.

그러면 한여름의 햇볕이 모래를 따뜻하게 온도를 유지하여 거북알은 부화하게 된다. 알에서 깨어난 새끼 거북이들은 한밤이 오기를 기다려 모두 모래 언덕을 내려와 그 밤이 새기 전에 바다로 가게 된다.

이들은, 한 번도 어미를 본 적이 없는데, 어떻게 깨어나면 밤낮을 구별하고 포식자의 위험을 피할 수 있는 밤 시간에 해변으로 달려가고 바다로 가는 것일까?

그리고 부모로부터 아무것도 배운 적이 없는데 일생을 살아가는 데 아무 지장 없이 생을 유지할까? 지구상에서 오래 사는 동물의 한 종인 거북은 긴 수명 동안 살아갈 많은 지혜가 필요할 텐데 어떻게 부모의 학습 없이 살아갈까…?

일반적으로 수명이 긴 동물일수록 살아가는 지혜가 많을 수밖에 없고 그래야 삶을 유지할 수 있다. 그러나 그들은 어떻게 어미를 본 적이 없는데도 깨어나면 바다로 가고, 다 자라서 어른이 되면 다음 번식을 위해 태어난 곳으로 돌아와서 알을 낳고 떠나는 것인가? 이러한 모든 과정이 그들만의 생존의 지혜인 유전정보가 아닐까…?

2-2 ▶ 사람의 교육과 아름다운 비행

사람은 교육을 받지 않으면 아무것도 할 수 없는 것으로 알고 있다.

과연 사람은 교육을 받지 않고 그냥 두면 살아갈 수 있을까? 만일 그렇다면, 마못 만도 못한 것인가? 그러한가? 철새인 야생기러기를 겨울 서식지로 보내기 위한 영화, 『Fly Away Home/철새 돌보기(캐럴 발라드 감독/96년 작- 아름다운 비행)』이라는 영화를 음미해 보자. 어미를 잃은 열여섯 마리의 야생기러기를 부화시켜 겨울 서식지로 보내고 그들이, 그다음 해 다시 돌아오는 과정을 그린 자연 다큐로 어린 소녀와 아버지의 사랑을 회복해가는 과정을 그린 영화로 생각된다.

이 영화에서 그들은 여름 서식지에서 비행연습을 해서 겨울 서식지로 가야만 살아갈 수 있는데, 어미가 없는 관계로 비행연습 교육을 할 수 없었다. 이를 안타깝게 여긴 두 부녀가 직접 어미 새가 되어 비행교육과 훈련을 시키고 장거리 비행을 위해 어미를 닮은 행글라이더를 사용해서 이들을 이동시키는 과정은, 참으로 감동적이었다.

이들 기러기도 만일 이러한 교육과 연습과정이 없었다면 어떻게 되었을까…?

겨울 서식지로 가지 못해서, 여름 서식지에 머물렀다면, 먹이 부족과 체온유지 불가로 죽음을 맞을 수밖에 없었을 것이다.

하물며 일개 미물인 기러기도 그러할진데, 사람은 어떠할까? 사람도 교육을 시키지 않으면 살아갈 수 없어, 죽음으로 내몰릴까…?

* 출처: 영화 『아름다운 비행』 중 한 장면
http://www.cine21.com/movie/info/?movie_id=1024

2-3 ▶ 마사이 소년과 꿀잡이 새

아프리카 사바나 마사이 마을 주변에 꿀잡이 새가 와서 요란스럽게 울어댄다. 어린아이들은 놀이에 빠져 정신이 없는 사이, 몇명의 마사이 소년들이 꿀잡이 새를 따라나선다. 꿀잡이 새는 가시권 내 일정 거리를 유지하면서 계속 울면서 어디론가 날아가면 그곳을 따라 소년들은 계속 숲속으로 들어간다. 얼마나 갔을까? 수목이 우거진 숲속 큰 나무 아래서, 주변을 맴돌며 더 크게 울부짖는 새들을 보면서 아이들은 주변의 나무 위를 쳐다본다.

그곳에는 벌들이 날아다니고 나무 위 큰 가지 아래 벌집이 있는 것을 보게 된다. 소년들은 주변에서 풀잎을 모아서 불을 지피고 연기가 오르면, 나무 위로 올라가서 불붙은 나뭇잎을 벌집 가까이 대고 부채질해서 연기로 벌들을 쫓아내고 벌꿀을 따서 내려보낸다.

아이들은 벌집과 꿀들을 나누어 먹고 일부의 벌집과 꿀을 가까운 바위 위에 두고 자리를 떠난다. 소년들이 떠나고 나면 꿀잡이 새는 그들이 남기고 간 벌집에서 꿀을 먹을 기회를 얻는다.

소년들은 꿀이 있는 곳을 모르고 꿀잡이 새는 꿀이 있는 곳은 아는데 벌 때문에 꿀을 먹을 수 없는 상황에서, 서로 도울 수 있는 좋은 사례를 자연 다큐에서 본 적이 있다.

이들은 언제부터 이런 협업을 이어 왔을까? 꿀잡이 새는 사람을 안내하고, 사람들은 꿀을 채취하고, 안내의 대가로 꿀을 남겨두는 상호보완은 많은 생각을 하게 한다.

2-4 ▶ 갈 까마귀와 극지 오소리

북미 영구동토층인 툰드라 지역, 순백의 눈과 진록의 침엽수림 사이로 바람이 불면 얼어붙지 않은 눈들은 날아가고 한낮의 따뜻한 햇볕에 얼어붙은 눈이 녹으면 얼음 사이로 이상한 물체가 보이기 시작한다.

툰드라의 겨울은 더욱 춥고 먹을 것이 부족하여 생명체가 살아가기에는 너무나 열악한 환경이다. 나무 위의 갈 까마귀가 녹아내리는 설빙 사이로 드러나는 무스(Moose)의 사체를 발견하고 큰 소리로 울어대고 있다. 얼마나 시간이 흘렀을까, 북극 오소리 한 마리가 나무 아래로 다가와 설빙 사이로 노출되어 표면이 녹아내린 무스의 사체를 발견하고 뜯어 먹기 시작한다.

얼마나 먹었을까? 배를 채운 오소리는 떠나고 갈 까마귀가 지상으로 내려앉아 무스 사체에서 고기를 먹기 시작한다.

모든 생명체가 생존이 극한에 몰린 상황에서, 먹이의 발견이란

행운일 수 있다. 그러나 눈 사이에 조금 노출된 동물의 털가죽은 높은 곳에서 보는 새가 아니면 알 수 없고 먹이를 발견한 갈까마귀는, 동물 사체의 얼어붙은 가죽을 뚫을 수가 없다. 배고픔의 극한에 시달린 갈까마귀로서는 참으로 난처한 것이었으나, 먹이 독점이라는 욕심보다 상부상조의 생존의 지혜를 발휘하여 지상의 오소리를 불러들여 서로의 이익을 취하는 섭리를 무어라 설명할 수 있을까?

소통과 생각의 협업으로 열악한 환경을 극복하려는 생명체의 지혜와, 툰드라라는 혹한의 자연에서 삶을 풍요롭게 하는 공존의 조화는 어떻게 가능해졌을까…?

2-5 ▶ 생각과 소통은 사람만 가능한가?

사람들은 일반적으로 동물들이 서로의 의사전달이나 소통을 못하는 것으로 알고 있다. 그리고 생각은 더더욱 할 수 없는 것으로 생각한다.

그러나 꿀잡이 새와 갈 까마귀-오소리는 동물 간, 즉 조류와 포유동물 그리고 조류와 사람 간의 소통도 가능하다는 것을 보여준다.

그렇다면 생각은 당연히 할 수 있다고 봐야 하는 것이 합리적일 수 있다. 그리고 생각과 의사소통을 사람만의 전유물로 볼 수는 없을 것이다.

2-6 ▶ 교육받지 않은 사람의 생각 능력

사람들이 교육을 받지 않고 살아간다면 어떠할까? 교육을 받지 않았으니 문자는 모를 것이므로, 소통을 위한 의사전달은 서로 만나서 얼굴을 보고 의견을 나누는 방법밖에 없을 것이다. 그리고 언어도 각 지역의 사투리(방언)나 가족 또는 집단의 특정 언어로 표현하므로 외부인과의 의사소통은 상당한 어려움이 있을 수 있다. 그리고 생활습관도 소수집단의 습성만이 답습되었을 것이다.

문자도 모르고 대중매체의 언어도 충분히 이해할 수 없다면 사람들도 우물 안의 개구리로 전락할 수밖에 없을 것이다. 문자를 모르니 아무리 좋은 책자가 있어도 소용이 없고, 교육을 받지 않아 대중매체의 표준적 통상용어의 해득도 부족 하다면 세상을 이해하고 생각을 확장시킬 수 있는 방법은 그들이 살던 지역을 떠나 여행하는 방법밖에 없을 것이다.

그리고 서로 다른 환경과 다른 집단의 삶을 보고 느끼면서 세상의 다양함과 자신이 알고 있는 것이 매우 편협한 일부일 뿐이라는 것을 깨우치게 될 것이다.

2-7 ▶ 생각하기를 죽기보다 싫어한다

수년 전, 업무상 정부기관의 자문위원으로 위촉되어 활동할 기회가 있어 정부가 운영하는 휴양림에서 숙박한 적이 있다.

국유휴양림은 대부분 깊은 산속에 있어 번다한 도시 주변을 떠나 자연과 접하는 좋은 기회가 될 수 있으나, 위락거리가 없어 해가 진 후 잠들 때까지 긴 시간을 동행한 이들과 일상의 이야기를 하면서 보낼 수밖에 없는 상황이었다.

그때도 청년실업 문제와 현장취업에서 학교 교육의 현장성 부족을 아쉬워하면서, 취업 후 상당한 업무를 새로 가르쳐야 하는 상황에 대해 의견을 나누고 있었다.

일선에 취업한 젊은이들의 업무해결 능력의 향상과 지식의 응용을 위해서는 생각의 확장이 필요한데, 정답만을 선호하는 현실교육 문제를 탓하면서 한 교수분께서 학생들이 "생각하기를 죽기보다 싫어한다."는 가벼운 푸념을 들은 적이 있다.

만일, 사람이 생각하기를 싫어한다면 생각은 사람만의 유용한 특성이 아닐 수도 있다.

2-8 ▶ 사람의 유전정보는 무엇인가?

　지난 수십 년간, 사람과 동물의 가장 큰 차이를 '생각하는 능력'이라고 생각했고 또한 그렇게 알고 있었다.

　그런데 사람이 생각하기를 싫어하고 동물도 생각하는 능력이 있다면 생각하는 능력은 사람을 특정하는 특성은 아닐 것이다. 그리고 사람의 유전정보도 '생각하는 능력'은 아닐 것이다.

　왜냐하면, 유전정보는 누구나 저절로 가능해야 하는데, 죽기보다 싫어한다면, 더더욱 아닐 것이다.

　오스트레일리아 동쪽 태평양 상에 '뉴칼레도니아'라는 섬이 있다. 바누아투-피지섬-뉴질랜드로 둘러싸인 산호섬에는 나뭇가지를 이용하여 나무 속에 있는 애벌레를 끌어내는 낚시방법으로 애벌레를 잡아먹는 갈까마귀가 있다고 한다. 까마귀는 도구를 이용하는 능

* 출처: http://www.jolyon.co.uk/2010/04/
new-caledonian-crow-photos/

력이 있고 생각하는 능력도 있다고 봐야 한다.

  그렇다면 생각, 소통, 도구의 사용도 사람만의 능력이라고 할 수는 없을 것이다.

3. 선사 환경의 영향

3-1 ▶ 현대의료에서 건강 관리 비결

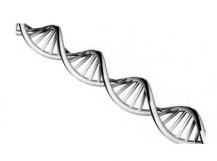

현대과학의 첨단기술 발달로 의학 분야도 눈부신 발전을 이루었다. 이중나선구조의 DNA를 규명하고 인간 게놈지도(Genome map)를 완성하므로 인류의 생체적 유전자에 대한 일반인들의 이해도를 획기적으로 높혔다.

국내에서도 소득이 증대하여 생활에 여유가 생기면서 건강 관리에 관한 관심이 매우 증대하였으며, 건강이 행복의 전제라는 데 모두 동의하는 추세이다. 현대인들은 건강에 관한 관심이 높아질수록 예방의학 개념에서 평상시의 건강 관리 비결을 알고 싶어 하고, 아프기 전에 먼저 대처하기 위해 상당한 관심을 갖고 있는 것으로 보인다.

이와 같은 추세에 의해 일상의 건강유지를 위한 조언을 의료인에게서 얻고자 하여 많은 매체에서 상당한 시간을 할애하여 건강 관리 프로를 방영하고 있다.

예방의학 차원의 통상적인 건강 관리 비결을 보면 금연, 절주, 과체중 관리, 적당한 운동 등의 생활습관 분야 조언과 함께 소식(적게 먹기)과 채식, 적당한 육류섭취, 견과류와 과일 등을 골고루 먹을 것을 권장하고 있다.

그리고 규칙적인 생활, 제철 채소와 과일은 껍질째 먹는 것을 권고하고 잡곡류, 뿌리채소, 현미 등을 적당히 섞은 혼식의 유리함을 강조하고 있다.

〈통상적 권장 사항〉

구 분	내 용	비 고
생 활 습 관	① 음식은 작게 ② 생활은 규칙적으로 ③ 운동은 적당히 ④ 적당한 수면확보	금 연, 절 주
음 식 섭 취	① 채식 위주 ② 소량 육류 ③ 과일, 견과류 ④ 다양한 잡곡 혼식	과일은 껍질째, 현미, 콩류 권장

3-2 ▶ 구황식의 영양식화

건강 관리를 위해 추천하는 식재료를 보면 현미를 선호하고, 제철과일 껍질째 먹기, 뿌리 식재료와 채소를 많이 먹도록 권고하고 있다.

이런 것들은 과거 가난한 사람들이 흉년이 들었을 때 먹었던 구황식으로 치부되던 종류들인데, 현대에는 건강식으로 권장되고 있는 것은 왜일까…?

이런 것들은 선사시대 도구의 발달이 미흡하던 시절의 채집생활

먹거리에 유사하거나 가난한 서민들이 생계를 유지하기 위해 섭취한 식재료 기준과 비슷하다고 할 수 있다.

구시대 또는 선사 곡류가 건강식 또는 영양식화되어, 권장되는 것은 무슨 이유일까? 건강 관리를 위해 몸이 요구하는 기준이 상당한 보수성을 띠는 것은 왜일까?

3-3 ▶ 구석기 뇌 탈출과 복고 성

어떤 연구결과에 의하면 사람들은 현재의 이익을 선호하는 비율이 높다고 한다. 예를 들면, '오늘 1달러를 받을 것인가? 내일 2달러를 받을 것인가?'를 선택하도록 하면 오늘 1달러를 받는 쪽을 선택한 사람이 더 많다고 한다.

돈이 최대의 가치인 자본주의에서 돈의 가치와 이율을 생각하면 내일 2달러를 받는 것이 훨씬 유리한데 왜 그럴까?

2011년에 출간된 『생각의 빅뱅/Long Fuse Big Bang』이란 책자에서 저자 '에릭 헤즐타인(Eric Haseltine)'은, 사람들의 뇌 구조가 고대인들이 생각하던 우선순위에 맞추어져서 고착되어 있다고 지적하고, 원시의 뇌에서 탈출하여 눈앞의 이익만 보는 뇌의 사각지대를 극복하라고 조언하고 있다.

이런 현상들은 선사 환경에서 당장의 생존을 위해, 오늘의 선택이 중요했기 때문으로 보인다. 오늘을 견뎌야 내일까지 살아남을 수 있고, 그렇지 않으면 내일은 기회가 없을 수 있다는 생존의 절박함이 문제였을 수 있다.

그 시대에는 가능할 수 있고 또 현명한 판단일 수 있으나, 현대를 살면서 왜 과거의 습성에 휘둘리게 되고 그러한 습성이 남아서 우선시되는 것은 무엇일까? 이러한 복고적이고 희귀적인 현상을 무엇으로 설명할 수 있을까…?

3-4 ▶ 위장의 포만감은 왜 늦게 올까?

학교나 사회교육 과정에서 음식은 꼭꼭 씹어서 천천히 먹는 것이 건강에 좋다고 권고되고 있다.

바쁜 일상을 사는 현대인들에게서는 어려운 주문일 수도 있다. 바쁜 일정에 따라 시간이 부족할 경우, 이런 권고가 충실히 지켜지기는 곤란하여 식사과정에서 포만감이 오게 먹게 되면 과식하는 경우가 자주 발생할 수 있다.

이런 것들도 많은 것이 부족하던 선사시대의 영향은 없는 것일까? 조금씩 꼭꼭 씹어서 천천히 먹어야 포만감에 의한 과식을 방지할 수 있는데, 여유 있는 삶과 한가함의 발로로 생각되어짐은 왜일까? 오늘 조금 더 먹어두지 않으면, 내일 또는 다음 식사는 언제일지 예정이 곤란한 환경이라면, 천천히 조금씩 먹는 것이, 생존을 위해 지혜로운 것일까…?

다음 끼니를 이을 예정이 불투명하다면 먹을 것이 있을 때, 보다 많이 조금 더 먹어두는 것이 생존을 위해 유리할 수 있다. 그러한 관계로 포만감의 느낌이 좀 늦게 오도록 생체정보(DNA)가 적응한 것은 아닌가? 의심스럽기까지 하다.

이런 것들도 구석기 생활에서 영향을 받는 것이고, 뇌의 사각지대와 상관되는 것일까?

3-5 ▶ 구석기 습식과의 유사성

선사 구석기시대의 오랜 기간, 인류의 선조는 어떤 생각을 했을까…? 그리고 어떤 종류의 음식을 먹고 그 음식의 유형은 어떤 것일까?

주요 식재인 곡물류는 껍질만 벗겨내고 그냥 먹거나 익혀서 먹는 것이 전부였을 수 있어 현대의 관점에서 보면 9분도 쌀 또는, 현미 상태였을 수 있다.

그리고 주로 초식을 바탕으로 한 채식이 전체 식사량의 대부분을 차지했을 것이다. 과일은 그 계절에 나는 것으로 껍질째 먹었을 것은 식재료가 부족하던 환경이라면 당연하였을 수 있다.

육류는 사냥이 성공했을 경우 아주 가끔, 조금의 동물 단백질이 공급되었을 것이고 비상시를 대비해 견과류와 알 곡류를 일부 보관해 두었다가 아주  어려웠을 시 조금씩 나누어 먹으면서 삶을 유지했을 것으로 보인다. 또한, 뿌리 식재료를 일정량 채취하여 부족한 음식으로 대체되어 영양유지에 도움이 되었을 것이다.

알 곡류는 종류를 가리지 않고 다양하게, 주변에서 구할 수 있는 모든 것을 식재료로 활용하고 여건이 허용되면 물고기류와 조개류도 채취되어 다양한 식재료가 공급되었을 것이다.

3-6 ▶ 구석기 생활환경과의 유사성

선사 환경의 구석기 시대는, 자고 일어남이 규칙적이었을 것으로 추정된다. 특별한 일이 없으면 해가 지면 잠자리에 들었을 것이고, 해가 뜨면 일어나서 하루의 일과를 시작하는 과정의 반복이 불가피했을 것이다.

도구의 발달이 미흡하여 농경과 채집, 수렵은 생각보다 어려워 식재료가 통상적으로 넉넉지 않아 소식을 할 수밖에 없었고, 수렵과 채집을 위해 일정 거리를 이동하는 걷기가 일상화되어, 규칙적 활동과 적당한 걷기는 일상이 되었을 것이다.

내일의 보장이 불투명해 조금 더 먹어둘 수 있는 포만감의 지연이 필요했고, 생존을 위해 음식을 취할 때는 오늘 지금 취하는 것이 지혜로운 선택이 될 수밖에 없었을 것이다.

건강 관리 비결에서 제시된 생활습관이나 음식 섭취의 종류와 내용이 구석기 생활상과 유사한 것은 어떻게 설명해야 할까? 왜 현대를 살면서 생활양식과 식재료의 습식행태가 선사의 양태를 따르는 것이 건강을 위해 유리한 것인지 의문스러운 점이 한둘이 아니다.

〈건강 관리 권장사항과 선사 생활양식 비교〉

구 분	건강 관리 권장사항	선사 생활양식과 식재료	비 고
생 활 습 관	① 소식 기준 ② 규칙적 생활 ③ 적당한 운동 ④ 적당한 수면	① 소식 불가피 ② 자고 일어남이 규칙적 ③ 일정한 거리 걷기 ④ 밤시간 불가피 수면	도구 발달 부족 일조 시간 비례 채집·수렵 활동 야간 조명 제한
음 식 섭 취	① 채식 위주 ② 소량 육류 ③ 과일, 견과류 ④ 잡곡류 혼식	① 초식 위주 불가피 ② 수렵 성공률 저조 ③ 제철 과일, 견과류 ④ 다양한 알곡류	채집 위주 도구 부실 껍질째 껍질만 제거
특 기 사 항	금연, 절주	술과 담배는 없었고, 과체중은 있을 수 없는 환경	대상 외 수렵에 불리

3-7 ▶ 왜 생체적 DNA와 생각은 회귀적일까…?

우리는 사람의 DNA가 선사행태를 답습하고 있고 마음의 산물인 생각도 선사 환경에 적응하고 있는 것이 아닌가, 의심스러워졌다.

현대인의 건강 관리 비결이나 지금의 눈앞의 이익을 우선하는 생각의 분별 문제 등에서 상당한 시사점을 느끼게 한다.

생체적 유전정보가 보수적으로 작용하고 정신적 유전정보의 산물인 생각도, 복고적 성향을 갖는다면 그것이 그렇게 되기에는 상당한 그리고 중요한 이유가 있을 것으로 생각된다. 그것이 무얼까…?

왜 현대를 살면서 선사에 머물러 있을까. 우리의 몸이 요구하고 행동하는 방식이 선사의 행태를 따르고, 생체적 DNA의 요구와 의식구조가 구석기 생활사와 유사한 것은 우리의 생체적 유전정보와 정신적 정보들이 잘 바뀌지 않고 있다는 것인데, 왜 과거로 회귀성을 갖는 것일까? 생존에 유리해서일까, 그렇지 않으면 우리의 몸과 마음이 구석기 환경에 최적화되어 있음일까? 왜 앞으로 나가려 하지 않고, 뒤로 돌아가려 할까? 몸과 마음이 모두 보수적이고, 복고적인 것에는 무엇이 있는 것일까…?

4. 생명의 본질

4-1 ▶ 생명이란 살아 있는 것이 우선이다

모든 생명체의 목적은 살아 있음
이 우선이다. 그렇지 않으면 그 생
명체는 멸종하였을 것이다.

살아 있기 위해서 주변 환경과 사
물을 이용하고 최대한 활용하면서,
살아남기 위해 환경에 적응해서 변
이하고 진화했다고 봐야 한다.

육상 환경이 생존에 더 유리하다고 판단되면 수중의 열악함을
피해 양서류 과정을 거쳐 육서 환경을 선택했을 것이고, 수서 환

경이 유리하다고 판단되면 육상의 급변한 재난을 피해 살기 위해서 다시 바다로 터전을 옮겼을 수 있다. 그리고 육서 환경이 천적으로부터 피할 수 없을 때 나무 위로 진출하여 임상 생활로 내몰릴 수밖에 없는 절박함이 있었을 것이다. 또한, 정글 위 넓디넓은 숲 위의 생활로도 생존의 보장이 어려워지면 높은 나무와 나무 사이를 이동하면서 연명하다가, 항구적 안전을 위해 조류로 진화하면서 하늘로 진출하는 변이를 수용할 수밖에 없음도 불가피했을 것이다.

모든 생명은 주어진 여건에서 살아남을 수 있는 모든 방법을 동원하고, 내적 창발성을 발휘하여 보다 유리한 진화의 고리를 찾고 환경에 적응하기 위해 조금씩 변이하면서 현재의 생활상으로 진화했을 것이다. 그리고 그 생명체의 존속이 불투명해지면 영원한 생존을 위해 번식을 선택하고 어미 세대의 역할을 마쳤을 것이다.

4-2 ▶ 생명체에는 선행 세대가 있었다

현생의 모든 생명체는 반드시 선행 세대가 존재했고 그 선행 세대의 생존을 위한 지혜는 답습되고 전수되어야 후생세대가 살아남을 수 있었을 것이다.

다음 세대의 생존보장을 위
해 삶에 유리한 선행 세대의 정
보가 전수되지 않았다면 어떻게
되었을까? 아마도 현생의 환경
에서 찾아볼 수 없는, 고 생명
체로서 화석이라는 이름으로 그 흔적을 남겼을 것이다.

모든 생명체는 후생세대의 생존을 보장하기 위해 삶을 위한 최
소한의 정보를 유전이라는 과정을 통해 전수될 수밖에 없는 섭리
를 수용했을 것이다.

만일 이러한 생존의 지혜가 유전되지 않았다면 진화도 없고 변
이는 불가능하며 존속도 보장되지 않았을 것이다. 생명체가 살아
남기 위해서는 선행 세대의 모든 정보가 복제되어 전수될 수밖에
없다고 생각한다.

4-3 ▶ 선행 세대는 양성화합이 있었다

생명체의 모든 선행 세대는 양성화합이라는 과정을 거쳐서 다
음 세대를 이어간다. 양성화합이라는 행위와 노력 또한 생존을 극
대화하기 위해 진화의 유리한 수단으로 작용하였고, 존속에 가장

높은 확률을 선택하려면 최강의 짝을 선택하는 양성화합이 필요했다.

이 양성화합 즉, 짝짓기의 중요성은 진화와 존속에도 매우 중요하지만 '무리의 구성'이라는 생존의 바탕얼개를 형성하는 기반이 되고 사회형성과도 밀접한 관계가 있다고 본다.

후행 세대의 존속을 위해 필요하다면 양성 중 한쪽은 희생을  감수할 수도 있어, 선행 세대의 희생은 생명체의 영원한 존속을 위한 생명의 섭리일 수도 있다. 그리고 이것은 모성의 본질일 수도 있다.

4-4 ▶ 삶을 위해 적과의 공생도 수용

모든 생명체는 생존을 위해 먹이다툼이 발생하고, 먹이다툼을 할 때는 경쟁자는 적일 수밖에 없고 먹이활동의 무대가 영역의 전재가 될 수밖에 없다.

생존에 불리한 여건에서는 이주를 선택하는 것보다 적과의 공생을 감수하는 것이 종 보존을 위해 유리하다면 그것 또한 생명체의 본능일 수 있다.

멸절의 위험보다는 극한의 인내로 삶을 유지할 수 있다면 어떠한 역 선택도 가능한 것이, 생명의 본질이라 할 수 있고 의무이기도 하다.

4-5 ▶ 후행 세대의 안전한 자립 고려

현행 세대는 번식 후 다음 세대의 안전한 자립 확보가 필수 고려 사항으로, 후행 세대에게서 예상되는 최고의 위험을 피하도록 교육하고 변이하고 행위할 것이다.

도토리거위벌레의 나뭇가지 자르기라든가, 말똥구리의 말똥 공굴리기도 산란 후 다음 세대의 먹이로 활용하는 행위의 한 과정일 수밖에 없고, 마다가스카르 열대우림의 말벌이 매미사냥을 하여 땅굴 속에 저장 후 산란하여 새끼의 먹이로 활용하는 행위도 같은 절차로 보아야 할 것이다.

염낭거미가 새끼들을 등에 업고 양육을 하다가 그 새끼의 먹이로 자신을 내어주고 생을 마감하는 헌신 또한 후행 세대의 안전한 자립이 고려된 희생이다.

모든 금수가 스스로 먹이활동이 가능하도록 일정 기간 양육하고 학습시키는 과정과, 위험에 대비할 수 있도록 필요한 주의와 단속을 하는 행위 또한 같다고 봐야 한다.

　이러한 일련의 행위가 사람에게서는 교육이라는 과정의 형태일 수 있다.

5. 인류의 정의

5-1 ▶ 소통력, 사회성, 직립, 불의 이용!

'인류의 유전정보가 무엇인가?' 하는 화두에서는 인류라는 기준
이 설정되어야 가능하다.

그리고 유전정보에는 생체적 유전정보도 있을 것이고 정신적 유
전정보도 있을 것이다.

본 글에서는 다음과 같이 구분하면서 논의를 이어가려 한다.

- 소통력: 무리의 개체 간 의사전달이 가능해야 영역수호를
  위한 협동작전과 역할 분담 등으로 위험대처가 가능하다.
- 사회성: 인류는 사회적 동물이다. 무리 구조의 다양성을

수용할 때, 사고의 융·복합이 가능해 새로운 변화가 가능
하다.

– 직 립: 척추동물이 바로 서서 두 발로 걸어야, 두 손이 자
유로워 도구의 사용 등으로, 발전이 가능하다.

– 불의 이용: 인류의 세계적 확대는 포식자의 제압과 체온
유지의 제한을 벗어나야 가능하다.

인류의 진화 과정에서 이 네 가지 과정은 충분히, 그리고 필연
적으로 이루어질 수밖에 없었을 것이다.

5-2 ▶ 원인의 과정

* 출처: http://blog.daum.net/_blog/BlogTypeView.
do?blogid=0bcYE&articleno=65

인류는 소통력, 사회성, 직립, 불의 이용 등 네 가지를 충족할 때 인류라 할 수 있다. 그러면 그 중간 단계 과정의 동물은 무어라 할까?

그 과정이, 즉 "원숭이를 닮은 사람"이라는 원인의 과정이다. 물론 이 네 가지 중 일부의 낮은 수준의 가능성은 "사람을 닮은 원숭이"인 인원류도 가능할 수 있다.

그러나 원인과 인원의 구분은 낮은 단계의 소통력과 일시적 직립 그리고 친족 내지는 유사친족 무리는 구성하나, 친족이 아닌 순수 타족의 다수 개체와 무리를 형성하지는 않는 것으로 구분할 수 있다.

원인은 완전한 직립, 다수 타족 개체 무리의 친족화 과정을 수용하는 높은 수준의 사회성, 그리고 다수 타족과 원활한 소통을 위한 언어의 통일화 등 높은 수준의 소통력을 충족해야 한다.

그래서 위 네 가지를 충족하는 과정을 '원인화'라고 하고 마지막 불을 얻음으로써 '인류화'를 달성하게 된다. 그렇다면 이들은 어디에 있을까…? 인류 진화 과정의 원인은 어디로 가고 어떻게 되었을까?

그들은 '인류화' 과정에서 흡수되거나 인류의 잠재적 경쟁자로 인정되어 인류에 의해 도태과정을 거쳤을 것이다.

5-3 ▶ 소통체계와 기억용량의 증대

'인원류'에서 원인으로 변이하는 과정은 다양한 타족 개체가 모여서 친족 무리와 같은 동질성을 확보해야 하고, 친족과 같은 공유적 관계를 확립하려면 각 타족 간의 언어, 동작, 표정 등 서로 다름을 수용하는 정신적 심리적, 포용성의 변이가 불가피하다.

서로 다른 타족이 모여 사회성을 이루려면, 소통을 위해 조금씩 다른 또는 예리한 차이를 상호 기억하고 그러한 다름을 수용해야 한다.

그래야 소리, 표정, 동작 등으로 같은 무리임을 증명해 무리의 안정적 유지에 기여할 것이다.

다수 타족 개체의 서로 다른 소통체계의 공통화 통일화 과정에서, 기억 용량의 상당한 증가는 불가피했을 것이다.

우리의 외국어 습득과정을 되돌아보면 이해가 가능하고, 또한 단체경기인 스포츠 경기에서 전력 강화를 위해 다국적 선수로 팀을 구성한 경우, 그들의 경기운용 과정의 소통을 위한 그들만의 고유한 표정, 동작 등을 기억해야 순조로운 경기가 가능하다. 그리고 작전의 지시나 의사전달 체계가 통일화되지 않으면 팀의 승리는 불가능한 것을 이해할 필요가 있다.

이러한 서로 다름의 구분과 수용은 많은 생각과 기억을 요구하

므로, 뇌 용량증대가 급속히 진전되어서 내적 창발성에 획기적인
변화를 가져왔다.

5-4 ▶ 직립은 선택인가 생존인가?

인류 기원을 동아프리카 초원에서 시작되었다는 '단일기원설'이
일반적으로 받아들여지고 있다. 그렇다면 사바나 초원에서, 포식
자를 경계하고 살아남기 위해 어떤 변이가 동반되었을까…?

인류의 기원을 인원(사람을 닮은 원숭이)에서 원인(원숭이를 닮은 사람)으로
진화하는 과정을 출발점으로 본다면, 초원의 맹수들로부터 자신을
보호하고 대피할 수 있는 곳은 나무 위일 수밖에 없을 것이다.

아프리카 정글 외곽의 초원 가장자리는 수목의 간격이 정글처럼 연이어 있지 않고, 단목 상으로 서로 떨어져 있는 것이 일반적이다.

그래야 초원이 형성될 수 있기 때문이다. 먹이활동을 위해 나무와 나무 사이를 이동해야 하고 초원의 통과 과정에서 포식자의 경계를 위해 네발 걷기(사족보행)보다는 두 발 걷기, 즉 직립이 유리하고 불가피했을 것이다.

인류의 초원 진출은 안전을 위해 시야 확보가 선결 조건일 수밖에 없는데, 사족보행으로는 불가능하여 항상 일어서서 주위를 살펴서 문제가 없다는 것을 확인하고 이동하는 것은 생존을 위한 선택이었을 것이다.

그렇지 않으면 가까운 나무 위에서 동료가 포식자를 경계하는 보초를 서고 무리가 이동하는 대책 등이 보완되어야 가능하다.

그러나 활동범위가 넓어지고, 먹이활동 영역확보를 위해 더 멀리, 더 넓게 확장되면서 수풀 속에 잠복하고 있는 위험요인 경계는 두 발로 서서 직접 경계하면서 이동할 수밖에 없는 상황에 익숙해져야 살아남기가 유리했을 것이다.

결국, 열대우림 정글에서 초원으로 진출하는 인류의 선조는 직립을 하여 두 발 걷기로 진화하는 과정이 선택이 아니고 생존을 위한 필수였다고 볼 수 있다.

인원의 과정에서는 두 발 걷기보다는 네발 걷기가 더 익숙했으나,

초원으로 진출하면서 두 발 걷기가 선택되는 과정은 오랜 관행을 초월하는 역발상이었고, 그것은 선택이라기보다는 생존을 위한 필연일 수밖에 없었다.

이것은 '관행 파괴'라는 새로운 경험과, '내적 창발성'의 발현에 획기적인 자극으로 작용하게 된다. 이러한 과정을 거치면서 상상력과 새로운 역발상에 도전할 수 있는 자신감과 가능성을 열게 되었다.

5-5 ▶ 생존을 위한 공존의 선택

선 인류의 초원 진출 과정에서 직립은 생존을 위한 불가피한 선택이었으나, 열대 정글에서 초원으로 나와야 하는 또 하나의 선택이 전제되어야 한다.

사바나로 진출하기 전에는 어디서 살았을까? 인류의 시원을 원인(원숭이를 닮은 사람)에서 찾는다면, 선 원인기는 인원(사람을 닮은 원숭이)류 였을 것이다.

현재 지상에서 존재하는 인원류는 대부분 열대우림 정글에서 사바나 가장자리인 정글 외곽 언저리에 살고 있는 것으로 보아, 열대 정글에서 정글 가장자리로, 그리고 다시 사바나 가장자리로 진출하고 사바나 초원으로 나오는 과정을 거쳤을 것이다.

그렇다면 왜, 열대우림 정글 숲 위에서 정글 외곽으로, 그리고 또 사바나 가장자리로 생활공간을 옮겨야 했을까…? 기존 생활영역에서 타족과 영역 다툼에서 밀려났거나 스스로 필요에 의해 진출했을 수 있다.

안정된 생활여건을 버리고 새로운 영역으로 나오는 것은 매우 큰 위험과 새로운 도전이 불가피했을 것인데 그럴만한 이유가 있을 것이다.

그것이, 무엇일까? 자연재난으로 정글의 먹이 조건이 극도로 열악해지면 무리 간의 다툼은 더욱 치열해지고, 결국 생존을 위해 새로운 선택을 할 수밖에 없었을 것이다. 무리 간의 생존을 위한

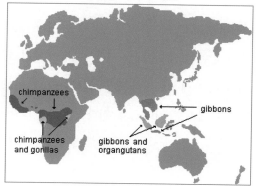

유인원 서식지 지도

* 출처: https://
blog.naver.com/
smartrol/220067294936

영역 다툼이 극 악화되면, 영역 다툼은 전쟁이 되고 수많은 살상
이 있었을 것이다. 이 전쟁에서 져서 밀려난 무리 중 대부분의 성
체는 죽거나 매우 극심한 부상으로 살아남기 어려웠을 것이다.

그러면 살아남은 잔여 무리는 어떻게 살아갈 수 있었을까? 무리
의 대부분을 잃고 남겨진 구성원은 늙은 성체나 성장 과정의 유

약한 개체일 수밖에 없다. 이들 노약 개체로 구성된 잔여 무리가 기존영역에서 쫓겨나 새로운 터전의 환경적 열세에서 살아남기 위해 같은 처지의 타족 개체 무리와 연합하는 것이 생존을 위해 불가피한 선택이었을 수 있다.

이러한 타족 개체 무리 간의 생존을 위한 무리 형성은 생존을 위해 공존을 선택하는, 또 하나의 새로운 도전이었다. 타족 무리를 경쟁자 또는 적으로만 생각하던 관행에서는 획기적인 변화고 역발상이었다.

지금까지의, 친족만의 배타적이고 이기적인 무리를 벗어나 상대를 이해하고 수용할 수밖에 없는 환경에 내몰리면서 내가 살기 위해 상대를 포용하고 상대인 타족의 서로 다름을 인정하고 이해할 수 있는 사회성을 발전시키는 계기로 기여하게 된다.

5-6 ▶ 불을 얻음으로 세계를 얻다

선 인류가 정글에서 밀려나 정글 가장자리, 정글 외곽과 연접한 사바나 가장자리를 거쳐 초원으로 나오게 된다. 이들이 넓은 초원에서 안정적 생활을 영위하려면 포식자와의 대응은 불가피했다.

기존영역에서 밀려나 초원에서 살아남으려면 포식자의 제압이 가능해야 하고, 이들 맹수와 맞설 수 있으려면 절대 우위의 무기가 필요하다.

선 인류는 사바나 진출 과정에서 네발 걷기에서 두 발 걷기를 수용하는 내적 창발성을 발휘했고, 생존을 위해 공존을 선택하는 사고의 전환을 가져왔다. 정글의 영역 다툼에서 밀려나 패자가 된 노약 개체로 형성된 소수 친족 무리에서, 비슷한 과정을 거친 타족 소수의 무리와 생존을 위해 연합하면서 의사소통을 위한 언어와 동작, 표정 등의 통일화·공통화는 불가피했을 것이다.

이러한 일련의 과정은 타족의 '친족화'를 위한 소통력, 사회성, 직립이라는 신체적 변화를 거치는 폭넓은, 그리고 다양한 변이를 가져왔다.

이런 과정에서 내적 창발성은 극대화 되고 타족의 언어와 습성 등 새로운 환경에 대한 이해와 수용 그리고 기억해야 할 많은 것들이, 생각의 처리 공간으로서의 뇌 용량 증대를 가져와 결과적으로 지적능력을 한 단계 상승시키는 작용을 하였다.

이러한 내적 창발과 지적능력의 상승은 초원에서 자연 발화된 들불을 보고 불의 위험보다는 유익성이라는 역발상을 가능하게 하고, 죽느냐 사느냐의 고비에서 불을 얻고 살아남느냐, 얻지 못하고 죽느냐의 선택을 강요받게 된다.

절체절명의 위기에서 사즉생의 역발상으로 불을 얻는 도전을 수용하게 된다. 불을 얻어 포식자의 제압이 가능하게 되고, 초원으로 진출하면서 새로운 도전을 꿈꿀 수 있는 드넓은 낙원을 열게 된다.

인류는 불을 얻어 체온유지가 가능해지고, 포식자의 경계가 가능해져 세계로 진출하는 미지의 문을 열게 되었다.

어려움은 있었으나, 포식자를 압도하고 초원을 쟁취하는 전리품을 얻고, 가족과 부족의 항구적 번영을 도모하기에 이른다.

5-7 ▶ 안전을 위해 불가침을 맺다

초원으로 밀려난 다수 타족 개체 무리는, 수많은 위험을 돌파하면서 새로운 시대를 열었다.

선 인류라는 과정을 거쳐 인류의 시대로 접어들 수 있는 불을 얻어, 포식자의 제압이 가능해지고 끝없는 초원이라는 낙원을 얻어 영역 다툼의 굴레를 벗어나게 되었다.

인류는 불을 얻는 과정에서 극한의 위험성보다 무한의 유익성을 선택하는 역발상과 사즉생의 도전을 성공으로 이끌었으나, 곧 새로운 도전에 직면하게 된다.

불을 얻는 과정이 극한과 무한의 도전과 역발상이었다면, 불의 역사용에 대한 공포의 양면성을 극복해야 하는 새로운 숙제를 받게 되었다.

불을 얻은 무리가 서로에게 불을 사용할 수도 있다는 상상력과 가능성은 초원의 맹수보다 더 두려운 공포로 다가오게 되고, 불의 유익성을 선택한 결과가 동족을 절대 위험성으로 내모는 우려를 불러오게 되었다.

인류는 불을 얻어 초원의 지배자가 되므로 무한번식의 영광이 무리의 비대화를 가져 오고, 결국 무리의 기하급수적 증가가 영역확장을 반복하면서 새로운 영역 다툼을 초래할 수밖에 없게 되었다.

결국, 불을 얻은 무리는 서로 간에 불의 사용을 하지 않기로 맹약하는 상호불가침을 맺는 새로운 질서를 창출하고 절대 공존의 가치를 수용한다.

이 새로운 가치를 지키기 위해 무리 간 소통과 감시체계라는 새로운 제도와 사회 관습을 불러오게 된다.

생존을 위해 공존을 선택한 '무리의 형성'이라는, 역발상과 내적 창발성의 폭넓은 수용이 상호 불가침의 맹약으로 발전하여 '이타성'과 '인권'의 기초를 제공했다.

6. 풍요와 위기에서 내적 창발

6-1 ▶ 재난과 삶의 욕구에 따른 변이

자연재난에 의한 생사의 기로에서, 살기 위한 생명체 본성의 발로는 위대하고 숭고했다. 살아남기 위해 모든 방안을 강구해야 하는 생사의 두려움이 '내적 창발성'을 유도해, 생각의 혁명적 변이와 '역발상'의 '창조적 가능성'을 시험하게 했다.

영역 다툼의 처절한 싸움에서 무리의 대부분을 잃고, 경쟁자였고 잠재적 적이었던 무리와 공존을 받아들이고, 상호 불가침을 수용하는 내적 변이는 절박함이 없었다면 불가능했을 것이다.

인류역사의 많은 사례가 재난의 위기에서 혁명적 돌파구를 찾아 문명사의 획기적인 발전을 이루었고, 풍요의 시대에는 끝없는 상상력으로 그들만의 예술과 문화를 창달하는 업적을 이루었다.

가까이 우리의 역사에서, 국난의 극복을 위해 절대 우월성의 거북선을 만들었고 지상전에서 기마를 압도할 수 있는 신기전이라는 다탄두 대량 살상용 장거리 무기를 만들어 국경을 튼튼히 한 바가 있다.

그리고 풍요로운 태평성대에는, 한글을 창제하여 누구나 쉽게 배울 수 있어 일반 서민과 여인들도 글로 자신의 생각을 표현하고 남길 수 있게 되었다.

그 결과, 일제 강점기에는 민족혼을 일깨워 독립의 기치를 높게 올리게 하였고, 전란 후에는 경제부흥과 민주발전을 가능하게 했고 '한류'라는 문화적 기반도 가능하게 했다.

6-2 ▶ 영장류 과정의 환경 적응

선 인류기, 사지보행을 하던 영장류의 서식지는 열대우림 정글을 터전으로 하는 숲 위의 임상 생활이었다.

현재의 영장류도 열대~아열대에서 서식하는 것을 고려하면 열대우림 임상 생활은 최상의 환경이었고, 더구나 공룡이 절멸한 시대, 천적이 없는 천혜의 환경은 변이와 진화의 극한을 가능하게 했을 것이다.

삶에 대한 걱정이 전혀 없는 풍요의 기간에는 엄청난 생체적 변이를 가져왔다. 먹이활동을 위한 행동반경의 최소화로 거의 움직일 필요가 없는 환경은 신체적 비대화를 촉진했고, 꼬리는 불필요해 퇴화하는 과정을 거칠 수밖에 없었다.

먹고, 자고, 놀기만 하는 게으름의 극치에서 무료함을 어떻게 해소할 수 있었을까? 생명체로서는 더없는 행복이었으나, 끝없이 이어지는 시간적 무료함이 새로운 세상으로 이끌어서 상상력이라는 내적 창발성을 유도했고, 한없는 상상의 꿈속으로 빠져들어 지적 변이의 유혹에 빠져들게 되었다.

천적이 없는 천혜의 정글 녹색 환경은 불필요해진 후각의 둔화를 가져왔고, 폭넓은 시야 확보를 위한 시각은 더욱 예민해져서 확장되고 있었다.

그러나 극한의 행복기도 자연재난을 피할 수는 없었다. 동아프리카 열곡대 주변과 앨버트 단층대, 활화산들의 동시 활동이라는 재난을 맞으면서 생존을 위해 눈앞의 어려움을 '어떻게 돌파할까'를 갈구했을 것이다.

풍요의 시기는 축복이었기에 행복을 느꼈고, 재난의 위기에는 생명본능의 '내적 창발성'으로, '지적 빅뱅'을 유도하여 새로운 세상을 열 수 있었다.

6-3 ▶ 1차 세계대전과 전차, 비행기

누구도 피할 수 없는 절박한 위기의 시대에는 삶을 위한 내적 창발성의 극대화가 불가피했다. 생명의 절박함이 혁명적 지적 변이를 가져왔고, 그 결과 새로운 생존 수단의 발명을 불려왔다.

1차 세계대전 유럽평원의 참호 속에서, 쏟아지는 비를 맞으면서 무슨 생각을 했을까? 이 전쟁에서 살아남을 수 있을까? 그리고, 이 전쟁은 언제 끝날까? 전쟁이 끝나고 돌아가면 무엇을 할까, 그리고 적들은 저 처참한 참호 속에서 무엇을 할까. 저들도 나와 같은 생각일까? 이러한 궁금함이 참호를 벗어나게 하면, 총알받이가 되는 상황의 갑갑함이 더욱 힘들게 하였을 것이다.

그러한 끝없는 좌절은 새로운 상상력을 자극하고, 적들을 알아야 이길 수 있고 이겨야 살아남아 돌아갈 수 있고, 또한 꿈도 꿀 수 있는 것이다.

이러한 상황 속에서 적들을 알려면 새가 되는 수밖에 없었을 것이고, 끝없는 갈망은 하늘을 나는 비행을 상상하게 되었다. 적들을 알고 나면 적들의 참호를 어떻게 통과할까를, 그리고 '적진을 허물고 승리할 수 있을까?'의 상상력이 새로운 가능성으로 구체화 과정을 거치게 된다.

총탄을 막을 수 있는 방탄재질의 구동체에 참호를 통과할 수 있는 길고 큰 바퀴가 달린 무기, 그것은 무엇일까? 그들의 끝없는 상상력의 갈망이 전차를, 그리고 비행이 가능한 정찰기의 탄생을 가져왔다.

6-4 ▶ 2차 세계대전과 잠수함, 원폭

그 참혹한 전쟁의 상흔이 가시기도 전에 또다시 반복된 악몽 같은 전쟁, 2차 세계대전을 맞으면서 많은 사람의 좌절과 참담함이 어떠했을까? 그리고 삶을 위해서 무슨 생각을 했을까…?

전쟁의 승리와 종결, 항구적 평화를 위한 새로운 상상력과 역발상을 불러올 수밖에 없었다. 그들은 절체절명의 위기돌파를 위해 필요한 것이 무엇이었을까? 지상전은 철갑으로 무장한 전차를, 공중전은 기관총을 장착한 전투기에서 폭탄을 투하할 수 있는 폭격기로의 발전을 가능하게 했다.

더욱 강하고 빠른 전차군단과 우수한 전폭기 편대를 일선에 배치했고, 더욱 처참한 살상과 회복하기 힘든 파괴를 승리라는 명분을 얻기 위해 자행하게 되었다.

해양에서는 전세의 획기적인 반전을 위한 보이지 않는 무기인 잠수함이 필승의 카드였을 것이다. 그리고 폭약무게와 탄착거리가 반비례하는 포탄보다 이러한 제한을 일거에 넘을 수 있는 새로운 폭탄, 한방에 모든 것을 섬멸할 수 있는 획기적인 무기를 갈구했고 결국은 핵분열 탄이라는 가공할 폭탄으로 인류를 멸망의 두려움으로 몰아넣는 결과를 가져왔다.

6-5 ▶ 전란의 황폐화와 삶의 성찰

전란이 끝난 폐허 위에서 하루살이같이 사라져 간 전우와 가족의 슬픔을 보면, 과연 사람이 동물보다 나은 것이 무엇일까…?

자괴감과 회의가 삶의 일상을 끝없이 짓눌러도, 그래도 살아가야 하는 생명체의 본질에 과연 무엇을 위해 살아가야 하는가, 생각이 있는 사람이면 누구나 삶의 허구를 성찰할 수밖에 없었을 것이다.

서구의 페르시아 전쟁과 펠로폰네소스 전쟁을 거치면서 서양철학이 발전했고, 동양의 춘추전국시대를 거치면서 제자백가의 동양철학이 꽃핀 사례는 누구나 알고 있다.

동서양의 두 전란 시기도 거의 비슷한 때이고, 전란 후 철학의 발전 또한 닮은꼴이다. 인류는 이런 고대사를 알면서도 제1차, 제2차 세계대전을 막지 못하고, 반복하는 것은 왜일까…?

인류의 사고체계에 문제는 없는 것인가? 20세기 절대 문명의 시기에도, 무지의 극치는 반복되고 끝없는 욕망은 절제될 수 없는 것일까…?

6-6 ▶ 절체절명의 위기에서 창발력!

인류는 전란의 위기에서는 목숨을 부지하기 위해 혁신적 돌파구를 찾았고, 위기가 끝나면 삶을 성찰하고, 전란을 방지하기 위한 협약을 도출했다.

근대 전란의 결과물로 핵이라는 제2의 가공할 불을 찾아냈고, 전란을 반복하지 않기 위해 유엔이라는 국제기구를 만들고, 핵 확산 방지조약이라는 국제협약을 성사시켰다.

위기에는 위기의 종식을 위한 도구와 수단을, 전후에는 평화정착을 위한 제도를 이끌어냈다.

인류는 극한의 시기에는 지적 창발성이 발현되었고, 성찰의 시기에는 인문을 꽃 피웠다. 이것이 인류의 위대함이고 지구 지배자가 된 원동력이었을 것이다.

6-7 ▶ 캄보디아 관광 별식

인류사의 불가사의인 앙코르와트의 나라, 톤레 호수의 물의 나라 캄보디아를 방문하면 관광객을 위해 별식 체험을 권한다고 한다.

그 별식은 무엇일까? 듣기만 해도 무서운 전갈, 독거미, 물장군 같은 독충을 튀긴 별식이란다. 그러나 이것은 캄보디아 전래 음식이 아니고, 킬링필드로 유명한 크메르루주 통치 시절, 식량 부족으로 숲 속의 곤충을 잡아 허기를 면하고 생명을 이은 구황식이란다.

집단 살상이라는 절체절명의 시기에도 그들은 살아남기 위해 독충을 식료로 활용하는 '지적 창발성'을 발휘했고, 그래서 그들은 새로운 고유 식료를 선보이고 살아남았다.

인류는 풍요로운 시기에는 문화와 예술 등 인문적 창발을, 그리고 절체절명의 전란에는 그 위기를 돌파할 도구와 수단을 발명함으로써 인류역사를 이어지게 했다.

이러한 인류 잠재능력의 원천은 어디서 왔고, 이것은 무엇일까? 대변환의 시기마다 지적 창발성이 발휘되어 무난히 그 고비를 넘고, 새로운 도전을 가능케 한 내적 에너지는 어디서 비롯되었을까…?

풍요나 위기의 시기에 이런 내적 창발이 없었다면, 인류는 지구상에서 도태될 수도 있었을 것이다. 이러한 능력은, 인류의 생존 본능에 의한 상상력과 역발상에서 기인하지 않았을까…?

인류의
시원

1. 초기 정착지 인류의 낙원

1-1 ▶ 창조되었다면 어디서…?

인류가 신에 의해 창조되었다면, 어디서 시작되었을까? 아마도
신은 자신의 닮은꼴인 인류를 지구상에서 가장 살기 좋은 곳에
살게 했을 것이다.

그렇다면 그곳이 어디일까, 의식주의 걱정이 없는 곳으로서 가
장 살기 좋은 곳을 신은 어디로 선택했을까?

사계절 먹을 것이 풍부하고, 옷과 집이 없어도 살아가는 데 지
장이 없는 곳, 그런 곳이 지상에 어디 있을까?

연중 먹을 것이 풍부한 곳은 열대우림 정글이었을 것이고, 온도
가 적당하여 옷을 입을 필요가 없고 비 오는 양이 적당해서 굳이

집을 지을 필요가 없는 곳이라면 어디일까?

먹을 것을 충족하는 열대우림은 온도와 습도가 높아 어려움이 있을 것이다. 그렇다면 적당한 강우량과 쾌적한 온도를 유지할 수 있는 곳은 어디일까? 안전을 위해 시야가 확보되고 수렵과 채집이 용이한 곳, 그런 곳이었을 것이다.

지구상에서 열대고원으로서 넓은 초원과 풍부한 숲, 그리고 맑은 물이 흐르는 곳, 그곳은 어디였을까…?

1-2 ▶ 사람과 포식자의 경쟁

인류의 시원지로 신이 선택한 낙원은 어떠했을까? 수렵이 용이한 초원이라면 초식동물이 풍부했을 것이고, 당연히 이들의 포식자도 있었을 것이다.

인류의 시원지가 동아프리카 초원이었다면, 사자 등의 맹수와 경쟁도 불가피한 선택이었을 것이다.

신은 포식자의 제압을 위해 어떤 무기를 주었을까? 물론 동물에게는 없고 인류만이 가진 것, 그런 것을 주었을 것이다. 그런 것이 무엇일까?

그것은 불이었을 수 있다. 그렇다면 불을 만들 수 있는 지혜를 주었을까? 아니면 불을 주었을까?

만일 인류가 불을 얻었다면, 필요 시 초원을 불태워 안전과 시야를 확보할 수 있었을 것이다. 그리고 야간에는 체온유지와 포식자 경계 등으로 모닥불을 피울 수 있어 다용도의 무기가 되었을 것이다.

1-3 ▶ 초기 인류의 의식주 환경

초기 인류의 정착지가 열대고원의 사바나라면 옷은 불필요했을 수 있다. 열대~아열대 기후로서 채식중심의 초기 인류로서는 선호하는 풀잎과 꽃은 사계절 채집이 가능했을 것이고, 과일과 열매도 종류에 따라 연중 풍성해서 식료의 걱정은 없었을 것이다.

그리고 동물 단백질의 공급이 필요할 시, 사냥이 가능하도록 불이 있어 익힌 고기의 섭취도 무난했을 것이다. 주거의 필요는 비를 피할 정도면 손색이 없어 몇 개의 나뭇가지와 풀잎이면 충분했을 수 있다.

사계절 꽃과 열매는 끝없이 피고 열리고 있는 곳, 그곳은 낙원이었을 것이다.

1-4 ▶ 채집과 수렵은 쉬웠을까…?

아열대성 기후인 열대고원의 사바나는 먹이 환경이 어떠했을까…?

사바나 초원과 초원 가장자리 숲은, 과일과 열매 그리고 맛있는 풀잎과 새순은 풍요로워서 부족함이 없었을 것이다. 또한, 채집과 수렵활동 공간이 포식자의 영역과 겹치므로 불을 가진 경계병의 배치가 필요했을 것이다.

불의 효용이 떨어지는 우천이나 강풍에는, 맹수를 견제할 수 있는 목창과 팔메돌 등 도구형 병기를 활용했을 것이다.

수렵은 무리의 청장년 남자들이 총동원되어 협력과 역할 분담으로 가능할 수 있었다. 초원에서 사냥을 위한 추적과 충돌회피의 속도는 야생동물보다 불리해서, 협동 몰이와 덫의 도움이 필요했을 것이다.

자연조건과 환경은 양호하나 수렵은 모두의 지혜로도 쉽지 않았을 것이다. 인류의 초기정착은 낙원의 환경에서도 생존을 위해 많은 지혜를 요구했고, 생존을 위해 적응했을 것이다.

1-5 ▶ 건기와 우기의 생활상

열대고원은 아열대 기후로 건기와 우기가 구분되는 환경이었다.

사바나 초원에서 우기는 초식동물이 넘쳐나서 수렵은 용이했을 것이나 불의 이용에는 많은 불리함이 따랐을 것이고, 건기에는 수렵은 곤란했으나 고당도의 과일은 풍부했고 열매 또한 풍성해 식재료의 채집은 용이했을 것이다.

우기에는 비를 피하기 위한 거처 확보와 불의 이용에는 상당한 어려움이 있었다. 불을 지피기 위해 마른나무를 구하는 것은 상당한 지장이 있어 체온유지에 곤란도 있었을 것이다.

건기는 초식동물은 떠나고, 바싹 마른 풀잎은 낙뢰에 의한 들불을 일으켜 심각한 재난이었을 것이다. 들불은 거처를 불태우고 화상을 입게 하는 등 생존에 막대한 위협이 되었다.

환경은 낙원에 준하나 삶은 녹녹치 않아, 새로운 지혜가 요구될 수밖에 없었다.

1-6 ▶ 정착과 이동의 변수

건기와 우기의 순환에 따른 정착과 이동의 변수는 식료조달을 위한 수렵과 채집의 활동비율이 중요한 변수가 되었다.

수렵을 선택했다면 초식동물을 따라 신선한 풀이 있는 곳으로, 넓은 초원을 순환하면서 이동생활을 하였을 것이다. 일정한 주기로 순환되는 초식동물의 생활상과 먹이 행태를 보면서 여러 가지 새로운 지혜도 얻었을 것이다.

이동과정의 광천수 샘물이나 온천 연못에서 질환과 상처를 치유하는 효능이 있는 것을 보았을 것이고, 염수 계곡이나 암염토 언덕에서 알 수 없는 먹이를 취하는 것을 보면서, 지이(地利)의 유용성을 체득했을 것이다.

건기와 우기를 따라 순환하면서 활동적인 무리는 수렵을 선택했을 것이고 안정적인 무리는 순환과정에서 정착에 가장 유리한 지역을 선택, 채집을 주로 하는 생활방식을 선택했을 것이다.

　수렵을 선택한 무리는 동물들의 이동로를 따라 순환하는 상시 수렵을, 채집과 안정을 선호한 무리는 우기수렵, 건기채집이라는 계절수렵을 선택했다.

　정주와 채집을 선호하는 무리는 온천이나 암염언덕 지역의 지이(地利)적 이점을 활용하는 지이(地利) 교환형 삶을 선택했을 것이고, 이들의 혼합형을 선택한 무리는 복합 정주형의 생활방식으로 발전했을 것이다.

　이들 모든 무리는 초식을 바탕으로 하였기에, 상당한 또는 통상적인 채집은 공통 생활상이었다.

1-7 ▶ 낙원은 영원했을까…?

다양한 생활 양태를 가진 인류는 초원의 전역으로 확산하면서, 각 집단 간의 안정된 삶을 위한 지혜는 더욱 발전하였다.

이렇듯이 진화된 삶의 지혜는 무리 간, 집단 간 상호 교류에 의해 공유되고 그러한 과정을 통해 융합되면서 더욱 발전하는 양상을 거치게 된다.

이러한 노력이 새로운 '창발적' 지혜로 발전하면서, 더욱 풍요로운 삶을 가능하게 하는 원동력이 되었다.

각 집단 간의 상호 교차 혼인이 장려되면서, 무리 간 공유와 집단 간 유대관계를 강화하면서 유전적 우월성도 심화시켰다.

우월적 자연조건은 인구증가를 가속화 하여 초원 전역으로 인류를 산재하게 하면서 새로운 변화를 거치게 된다.

1-8 ▶ 낙원의 붕괴

사바나 전역으로 확산하면서 오랜 기간 낙원을 이루며 공존과 번영을 이루던 인류에게 새로운 문제가 발생한다.

천혜의 자연조건은 폭발적 인구증가를 가져왔고, 낙원이 포화상태에 이를 즈음 동아프리카 열곡대의 활화산들이 하나씩 활동하기 시작하면서 천혜의 낙원은 생존을 위한 새로운 지혜를 요구하게 된다.

안정된 생활을 하던 인류는 자연재난이라는 천재를 맞으면서, 일부 집단은 정글 가장자리로 진출하면서 서로 영역충돌을 면할 수 없는 단계에 이르게 된다.

간헐적 교호적으로 활동하던 화산이 활동주기를 좁히면서, 낙원의 대혼란은 초읽기에 들어간다.

1-9 ▶ 새로운 세상을 찾아서

초원이 포화에 이르는 동안 지적 창발성은 눈부신 발전을 이루어 불을 다루는 기술과 도구를 만드는 기술, 채집과 수렵기술 등 삶을 위한 많은 지혜가 생활을 풍요롭게 하였다.

낙원에서 안정된 생활을 하는 동안 일부일처제를 수용하여 무리 구성의 근간으로 삼음으로써, 평등과 존중을 공존의 덕목으로 승화시켰다.

이러한 가족구성의 변화는, 그들의 문화와 체제를 유지시키는 중요한 변환점이 되어 인류 진화의 새로운 장을 열게 하였다.

자연재난의 대혼란은, 인류를 새로운 시험에 들게 하여 세계적 확산이라는 과제를 부여하게 된다.

진취적이고 활동적인 무리는, 낙원의 혼란을 피해 초원을 떠나는 선택을 하여 새로운 보금자리를 개척하기 위한 용기 있는 도전에 나서게 되었다.

불과 발전된 도구, 높아진 삶의 지혜를 바탕으로 끝없는 유랑을 하면서, 자유와 행복을 위해 새로운 낙원을 꿈꾸며 지구 전역으로 탐사를 나서게 된다.

2. 진화되었다면 어디서…?

2-1 ▶ 진화의 최적 조건 환경

인류가 진화되었다면, 영장류에서 진화될 수밖에 없었을 것이다. 원숭이에서 인원(사람을 닮은 원숭이)으로 변이하기 위한 조건 환경은 어떤 것일까?

대부분의 영장류는 주식이 초식이므로, 사계절 풀잎이 왕성하게 성장하는 환경이 최적의 조건일 수 있다. 현대의 원숭이 서식 분포지를 보면 열대~아열대 지역에 대부분 분포하고 있는 것을 봐서도 그러하다.

원숭이로서 가장 좋은 환경인 자연조건은 열대우림 정글의 숲 위였을 것이고, 진화를 위한 필요조건은 천적이 없어 어떠한 유형으로 변이해도 생존에 영향이 없어야 할 것이다.

만일, 초식의 먹이 환경이 계절성을 보인다면 계속 이용할 수 없는 불편으로 상당한 영향이 불가피했을 것이고, 천적이 있었다면 살아남기 위해 나무 위에서의 도피를 위해 꼬리는 더욱 필요했을 것이기 때문이다.

원숭이에서 인원으로 진화될 수 있는 조건 환경은 먹이 조건에 의해 열대우림이 합당하고, 꼬리 도태를 위한 전제는 천적이 없는 환경일 수밖에 없다.

그리고 이런 환경이 꼬리 퇴화를 충족할 수 있는 오랜 기간의 시간적 적합성도 보완되었을 것이다.

열대정글의 임상(林上-숲 위) 생활은 새순이 풍성했고, 당도 높은

과일과 열매는 언제나 있어 굳이 움직일 필요가 없는 환경이었다.

춥지도 않고, 천적도 없고, 움직일 필요성도 최소화된 환경에서, 먹이 환경이 넘치도록 풍부해지면 몸의 비대화는 피할 수 없는 결과로서 새로운 변이는 필연일 수밖에 없었다.

2-2 ▶ 천적이 없는 환경에서의 진화

중생대 말~신생대 초, 공룡의 멸종으로 생태계의 대변환은 불가피하게 되었다. 지상 소형동물의 포식자 위치를 점하고 있던 거대한 고등동물이 일시에, 그것도 대부분 절멸되는 과정을 거치면서 땅속에 서식처를 둔 소형 포유동물들이 살아남아 번성할 수 있는 환경이 제공되었다.

지상의 환경이 정상을 회복하여 초식의 먹이 조건은 급격히 개선되었다. 소형 포유류는 지상의 포식자를 피해 나무 위로 진출한 결과, 먹이 조건의 풍성화와 숲 위 천적의 부재로 인한 신체적 비대화라는 새로운 변이로 이어지게 되었다.

천적이 없는 환경은 긴급이동이 불필요해져서 꼬리의 기능이 퇴화하게 된다. 먹고 자고 장난치는 평안과 행복의 시기는, 사랑과 번식의 무한 반복이 가능해졌다. 그 결과 한없이 늘어난 무리는 새

로운 서식지를 찾아 이동과 정착을 반복하면서, 드넓은 열대우림이 끝없이 펼쳐진 정글의 임상(숲 위) 생활은 영장류의 낙원이었다.

먹고 자는 일 외에는 움직일 필요가 없어 앉고 눕는 데 꼬리는 방해가 될 뿐이었고, 열매를 따고 잠자리 둥지를 짓는 일로 손과 손가락은 더욱 예민하게 발달하게 되었다.

배가 부르면 둥지에 누워 무한한 하늘과 쉼 없이 변화하는 구름을 보면서, 끊임없이 변할 수 있다는 가능성을 자극해서 무한한 상상력의 세계를 가능하게 했을 것이다.

2-3 ▶ 시각의 발달과 후각의 쇠퇴

끝없는 열대우림이 펼쳐진 숲 위에 누우면 보이는 것은 녹색 숲과 구름, 태양, 별과 달의 움직임과 변화되는 모양이었다.

정글의 생활은 한없이 무료했지만 행복했을 수 있어, 무료함과 권태로움이 귀찮음으로 변이할 즈음 새로운 관심거리인 상상력으로 생각이 전이된다.

정글 위의 안전유지를 위해서는 멀리까지 볼 수 있어야 포식자를 경계할 수 있게 되었을 것이다.

정글 속의 지상이라면 시야가 좁아 후각이 중요했으나, 숲 위의 생활은 후각은 불필요해진 반면, 시각은 중요해져서 조류에 준하는 시각의 발달과는 달리 소용성이 줄어든 후각은 점점 쇠퇴하게 된다.

낙원에 준하는 임상 생활은, 생체적·정신적 변화를 자극해서 새로운 변이와 진화가 가능하게 하였다.

2-4 ▶ 꼬리의 도태 조건

먹고 할 일이 없으니, 우두커니 앉거나 누워서 쉴 수밖에 없는 삶이 계속되어 앉고 누울 때 꼬리는 거추장스러울 수밖에 없었다.

천적이 없으니 나무 사이로 급격한 이동도 없고, 급격한 방향전환도 불필요해져 꼬리의 퇴화는 더욱 가속화되었다.

풍요로운 먹이 환경이 과 영양화를 부추겨 몸은 비대해지고, 퇴화하는 꼬리 성분이 사지와 전신의 성장으로 전이되기에 이른다.

꼬리가 없어져서 사지가 길어지고 키가 커지는 변화는 몸집을 전반적으로 거대해지게 하여, 지상 포식자와의 경쟁에서 유리해지는 결과를 가져왔다.

숲 위의 생활은 부드럽고 먹기 좋은 새순이나 맛있는 과일 열매는 나뭇가지 끝쪽에 밀집되어 있어, 비대화한 체중이 삶에 불리하게 작용하기 시작한다.

2-5 ▶ 포식자는 조류

중생대말의 대멸종은 대부분의 천적을 소멸시켰다. 공룡이 없는 지상에서 포식자를 피해 정글 임상으로의 진출은 생존을 위해 피할 수 없는 선택이었다.

임상 생활 초기, 몸집이 비대화하기 전까지는 드넓은 하늘에서 접근하는 포식 조류만을 경계하면 생존에는 문제가 없었다. 지상에서 나무줄기를 타고 접근하는 천적은 소리나 냄새로 탐지하고 경계하면 되었다. 나무 밑동에서 둥지가 있는 위치까지의 거리만 냄새로 탐지할 수 있으면, 위험 시 다른 나무로 이동하면 문제는 해결될 수 있어 후각은 더욱 퇴화되었다.

살아남기 위해 시력은 더욱 예민해져야 했고, 숲 위 녹색과 천적의 구분을 위해 녹색은 더욱 익숙해지고 편안해지는 변이를 가져왔다.

열대 과일의 구분을 위해 색감은 더욱 예민해지는 변화와 숲의 녹색은 시각의 바탕색으로 정착되어 갔다.

2-6 ▶ 우연과 필연의 변화 적응

생존을 위한 천혜의 조건은 생체적 변이를 불가피하게 했다.

몸은 비대해지고, 꼬리는 퇴화하고, 시각은 발달하고, 후각은 쇠퇴해지는 이러한 변이는 대 멸종 후의 천적이 없는 환경의 결과였다.

우연에서 시작되어 그렇게 변이되고 진화되는 수순은 필연이었다. 대 멸종 후, 안정된 수천만 년은 돌연변이를 초래할 수 있는 충분한 시간이었고 우연과 필연의 중복이 원숭이를 인원으로 변화시켰다.

2-7 ▶ 친족 무리 집단의 영역

천혜의 행복기 조건은 번식에 지대한 기여를 하였다.

무리의 끝없는 번식은 새로운 영역으로의 확장을 불러와 지속적 무리의 분리와 이동이 불가피해졌다.

새로운 친족집단의 분리는 새로운 무리를 지속적으로 확산시켜, 정글 위 영역은 계속 확장될 수밖에 없었다.

일정한 시점이 되면서 무리 간의 영역이 조금씩 가까워지면서, 영역확보를 위한 무리 간의 경쟁이 심화되어 새로운 질서의 정립이 필요해졌다.

2-8 ▶ 영역유지를 위한 다툼과 경쟁

상호 영역을 접하면서, 영역유지가 무리의 강약을 유도했다. 강한 무리는 영역을 지켰고, 약한 무리는 어려움을 겪거나 차츰 밀려나면서 연쇄적 다툼이 생겼다.

천혜의 행복조건은 수천만 년 동안의 과잉 번식으로 이어져, 무리 간의 충돌을 가속화시켰다. 무리 간 사활을 건 다툼은 새로운 변이를 요구했고, 강한 전투력 확보를 위한 '지능화'를 유도하게 된다.

상호 경쟁에 유리한 전술전략의 필요는 지적능력을 향상시켜 뇌 용적의 증대를 불러왔고, 구성원 간의 역할 분담과 협력 체제를 더욱 견고해지게 하는 발전을 이루었다.

2-9 ▶ 무료함과 상상력

열대우림 정글의 자연 조건은 진화의 극치와 심리적 행복을 유도했고, 무한번식과 무리의 분리확장은 새로운 이동과 영역확장을 가져와서 한계에 이를 때까지 지속되게 된다.

먹고, 쉬고, 놀고, 자고, 굳이 할 일이 없는 임상 생활은 끝없이 무료하고 심심할 수밖에 없었다.

숲은 불변인데 하늘의 구름과 바람, 비는 계속적으로 변화할까? 무료함이 상상력을 유도하여 모든 것이 의문스러워 지기에 이른다.

2-10 ▶ 과체중이 지상으로 유도

풍요의 조건은 과체중과 비대화를 가져와 지상의 천적과 경쟁할 수 있는 관계로 작용했다.

숲 위의 영역경쟁은 치열해지고, 지상천적과의 경쟁이 가능해져 숲 위보다는 지상 생활이 우월성으로 느껴지기 시작한다.

정글 임상 생활에서 체중의 증대는 불리한 조건이었다. 새순과 열매는 가느다란 가지 끝에 모여 있어 먹이활동의 장애가 되었고, 영역경쟁은 치열해져 안정된 삶의 보장은 없어졌다.

새로운 변화와 조건은 임상 생활의 심리적 스트레스로 작용했고, 지상 생활의 호기심을 이끌기에는 충분해졌다.

높아진 지능과 민첩한 팔 예민한 손 등은 도구를 이용할 수 있게 하여 지상진출에 많은 편익을 제공하였다.

3. 타족 연합 무리의 형성

3-1 ▶ 자연재난과 집단 간의 경쟁

각각의 영역을 확보하고 적절한 질서가 유지되는 지역에서 심각한 자연재난이 발생하면, 집단 간의 생존을 위한 영역 다툼이 불가피해진다.

재난의 규모가 집단 간 경쟁의 심도를 정하겠지만 상당한 집단이 영역을 잃고 밀려날 수밖에 없었을 것이고, 이 과정에서 무리의 중심을 구성하던 성체들은 죽거나 심각한 부상을 입어 살아남기 어려워졌다.

많은 집단이 붕괴되고 살아남은 노약 또는 유약한 소수의 개체가 무리로 분산되어 피난과정을 거치게 된다.

이들, 노약 또는 유약한 개체의 생존은 어떻게 되었을까? 생존을 위해 새로운 선택을 강요받고, 새로운 변이를 준비할 수밖에 없었을 것이다.

3-2 ▶ 살아남기 위한 선택

집단 간 경쟁에서 성체의 대부분은 상실되고 뿔뿔이 분산된 소수의 개체들이 살아남기 위해서는, 새로운 무리의 구성이 필요해졌다.

물론 충분한 경륜의 리더가 있었다면 몇몇 분산된 소수의 무리와 개체는 상호필요에 의해 새로운 결합을 하거나, 일부는 강한 집단에 투항해서 살아남는 선택을 할 수밖에 없었다.

이렇게 분산된 각 개체나 소수의 무리가 서로 연합할 수 있었다면 생존을 위한 좋은 책략이 될 수 있었을 것이다.

3-3 ▶ 공존의 지혜와 내적 창발

자연재난에 의한 영역경쟁은 필연이고 생존의 선택 또한 필연일 수밖에 없었을 것이다.

영역 다툼에서 밀려난 친족 개체로 구성된, 작은 무리의 여러 집단이 하나의 연합을 성사하면 열악한 환경이었지만 새로운 영역에서 삶을 영위할 수 있었을 것이다.

물론, 대다수의 쫓겨난 개체와 무리도, 적응에 실패하면 자연도태 될 수 있다. 그러나 일부 개체 무리의 연합은 살아남아, 새로운 삶과 새로운 질서를 만들어 갔다.

모든 무리가 서로 경쟁 대상이었으나, 영역 다툼에서 패자가 되어 생사가 위험해지면 서로 연합할 수가 있다.

힘들었겠지만 새로운 삶의 조건들을 받아들이는, 내적 창발성이 변화를 유도하게 된다.

결국, 생존을 위해 적과의 공존을 선택하는 역 선택이 지적능력을 자극하여 내적 창발성으로 표출하게 된다.

3-4 ▶ 타족 개체 무리의 탄생

공존의 지혜에 의해 새로운 타족 개체 무리가 탄생하게 되었다. 소수의 친족 개체들로 구성된 다수 타족 무리는 새로운 질서를 형성하고 새로운 관계를 형성하게 되었다.

이런 과정이, 동병상련으로 작용해 서로의 이해를 높이고 다양성을 수용함으로 서로의 관계를 더욱 돈독히 할 수 있었다.

두려움과 절박함이 더 강하고 포용력 있는 새로운 집단질서 체계의 형성과 수용을 강제하게 되었고, 이러한 새로운 체계는 장점으로 작용해 지적결속력이 한층 강화된 집단으로 유도하는 기능을 하게 되었다.

다수 타족의 다양성 포용이 결국 새로운 변화를 가져와, 전에는 없었던 창조적 질서를 창출하기에 이른다.

3-5 ▶ 타족의 '친족화' 과정에서 내적 변이

타족 개체가 서로 연합하는 새로운 집단은 새로운 질서와 필사의 생존선택에 의한 강력한 응집력에 의해 자연히 새로운 '친족화' 과정을 거치게 된다.

경쟁자 또는 서로의 적으로 인정되었던 개체들이, 친족화 과정을 거치면서 내적 대변화가 불가피해졌다. 심리적, 감정적 변이를 통해 더욱 견고화되는 이심전심으로 타족의 친족화에 따른 결속력은 더 많은 변화를 수용했다.

좀 더 다양하고, 포용성 있고, 이해도 높은 지적변화가 동반되면서 친족 무리 집단과 무리 형성이라는 외적 형상은 같으나, 내적 변이에 따른 지적 수준은 한 단계 상승하기에 이른다.

3-6 ▶ 생존을 위한 공존의 선택

결국, 생존을 위해 선택한 공존이 새로운 내적 변이를 유도해, 더욱 발전된 사고체계와 포용성 있는 질서와 규범 그리고 여유로운 감정과 심리체계를 형성하는 바탕을 만들었다.

절체절명의 재난이 있기 전에는 적이나 경쟁자의 포용은 불가능한 것이었다.

살기 위해 '역 선택'을 수용하므로, 더욱 강하고 변화에 적응력이 높은 집단으로 발전하면서, 한 단계 높은 '사회성'을 구현하게 되었다.

모든 생명체는 고난을 통해 더욱 강해지고, 창발적 변이를 거쳐 진화하게 된다.

3-7 ▶ 인류 진화의 원동력

지구상의 많은 동물군 중에서 인류가 으뜸으로 진화한 것에는 많은 동인이 있었다. 적과의 동거를 수용하는 포용성과 타자를 인정하는 새로운 다양성의 이해 등 획기적인 변화가 있었다.

무리 간 경쟁에서 전쟁을 겪으면서 고조된 적개심과 좌절이 패자 간의 협력으로 승화되는 과정은 지적 수준을 향상시켰고 포용성 있는 내적 여유로 정착되게 하였다.

새로운 환경, 새로운 질서의 거부감 없는 수용은 정신적 역량을 한층 확대하고 사고력을 더욱 확장시키는 계기가 되었다.

이러한 것이 인류 진화의 원동력으로 작용하여 '재난극복→다양성 수용→내적 변이→지적발전'이라는 과정을 반복하면서 누적변이와 진화를 유도했다.

3-8 ▶ 기억해야 할 규범의 증대와 뇌 용적

행복기를 누렸던 본래의 영역에서 밀려나 새로운 가족, 새로운 사고, 새로운 환경에서의 적응은 많은 충격이었을 수 있다.

그러나 이들을 이해하고, 수용하고, 동질화하는 과정에서 다양성을 포용하므로, 기억해야 할 내용이 폭증하게 된다.

결국, 다양한 새로움의 수용이 기억 용량을 극대화하여 뇌 용적의 지속적 확대를 유도하므로 인원에서 선 원인으로 진화하기에 이른다.

3-9 ▶ 소리, 동작, 표정 등 소통방법 기억

타족 개체의 수가 많을수록 소통을 위해 기억해야 할 소리, 동작, 표정 등 소통방법이 많아져서 글로벌 소통에서와 같이 기억해야 할 것이 매우 많아지게 되었다.

무리 구분에서 작은 차이를 구분하지 못하면 다른 무리와 구분의 혼란으로, 집단의 결속을 약화시켜 경쟁에서 불리해질 수 있다.

조금씩 다른 소리나 동작의 원활한 소통을 위한 소통방식의 통일화는, 기억해야 할 많은 외부환경의 기억에 순기능으로 작용하여 더욱 발전할 수 있었고, 내적 창발성을 극대화하여 '지적 빅뱅'의 단초를 제공하게 되었다.

4. 대 이동기와 분리기

4-1 ▶ 자연재난과 영역의 붕괴

인류의 발상지를 동아프리카 초원이라는 단일 기원설을 따르면
선 인원기 서식지는 아프리카 열대우림이었을 것이다.

우리 세대, 지구상의 가장 큰 걱정과 우려는 지구온난화에 따른 기후 변화일 수 있다. 온난화가 지속되어 극한에 이르면 극지 빙하의 융해에 따른 해수면 상승으로 많은 도시와 농경지가 수몰되는 것을 직접적 재난으로 맞게 될 것이다. 그리고 또 하나의 문제로 극지 빙하압 해소에 따른 극지 주변 화산의 활동도, 많은 지구과학자는 우려하고 있다.

같은 우려가 반대로 작용하면 과거의 극한 빙하기 때, 해수면의 150~200m 저하로 인한 해수압 감소도 심각할 수 있다. 만일 적도 해양벨트의 활화산들이, 해수압 감소와 지구원심력이 겹쳐 동시 다발적으로 활동한다면, 적도 주위의 생태계에 심각한 영향을 주었을 것이다.

동아프리카 열곡대와 그 주변 앨버트 단층대 화산들의 동시 활동도 심각한 영향이 되었을 수 있다. 화산재 분출과 태양광 차단 등의 자연재난은 열대우림 생태계를 파괴하여, 초식을 위주로 하는 인원류의 먹이 조건을 극 악화시켜 극심한 영역분쟁을 초래했을 것이다.

불가항력에 의한 영역 다툼에서 밀려난 무리는 열대우림 가장자리와 외부로의 서식지 이동이 불가피했을 것이다.

4-2 ▶ 사회의 구성과정

영역의 붕괴에 따른 무리 간 다툼 과정에서, 많은 성체가 죽고 다쳐서 늙거나 어린 개체들이 잔존 무리를 이루고 피난과정에 들어간다.

노약 또는 유약한 잔존 개체들은 살아남기 위해 유사한 다른 무리 개체와 공존의 방법을 선택하고 협력하여 새로운 무리를 구성하게 된다.

타족 개체 간의 타협에 의한 새로운 무리 형성은 진정한 사회성을 구현하는 바탕이 되고 친족 무리에서 다수 타족 개체를 연합한 혼합 무리로 발전하게 되었다.

다수 타족에 의한 다양성의 수용이 상호 작용하여 진화의 새로운 동력원이 되고, 내적 창발성과 지적 대변혁을 불러올 수 있게 된다.

4-3 ▶ 인류의 연결고리

자연재난으로 반수 이상의 무리가 영역에서 퇴출되었는데, 그 많은 수의 무리와 개체는 어디로 가고 어디서 살았을까…?

새로운 집단을 구성해서 생존을 위해 신세계를 찾아 확산하면서, '이동→분산→정착' 과정을 거치면서 인류로 진화할 수 있었을 것이다.

이동분산 과정에서 직립은 불가피했을 것이고, 지적 대변혁에 의해 불을 얻었다면 인류 다기원설의 바탕이 되었을 것이다.

4-4 ▶ 대 이동기 인원은 어디로…?

열대우림이 포화상태에 이르기까지 각 무리는 영역을 유지했는데, 자연재난에 의해 반 이상의 무리가 밀려났다면 이들은 어디로 갔고 어떻게 살아남았을까? 살아남았다면 그들은 어디에 있을까…?

아프리카 열대우림 외부로 밀려나서 살기에 적합한 곳을 찾고 정착했거나, 새로운 환경에 적응하지 못해 도태되었을 수 있다.

열대우림 북부로 진출한 무리와 동부로 진출한 무리 그리고 남부로 진출한 무리로 대별할 수 있을 것이고, 서부는 대서양으로 한계가 있었다.

남부로 나아갔다면 남아프리카가 한계였을 것이고 동부로 영역을 확장했다면 동아프리카 열곡대 주변과 열대고원인 사바나 초원

|마음의 진화

일 수밖에 없다. 또한, 북부로 길을 잡았다면 지중해 연안의 아열대 기후 지역이 한계였을 것이다.

인원류의 체온유지와 초식 중심의 먹이 습관을 감안하면, 아열대성 기후 외곽은 삶을 유지하는 데 심각한 불편이 있어서 새로운 환경적응의 어려움과 중첩되어 살아남기 어려웠을 것이다.

특히, 동부로 진출했다면 넓은 초원의 포식자와의 경쟁은 불가피했고 살아 남기 위해 새로운 지혜가 요구되었다.

4-5 ▶ 새로운 평형을 찾다

일정한 시간이 지나고 화산활동이 둔화되면서, 열대우림의 환경은 정상을 회복하게 된다.

영역 다툼에서 승리하여 새로운 영역이 확보된 무리의 경우, 생태계의 회복은 먹이활동 영역이 배가되는 무리가 있는가 하면 열대우림 가장자리의 열악한 지역까지 밀려나 정착한 무리도 있었다.

어렵더라도 새로운 무리를 형성하여 정글 가장자리에 정착한 무리는, 무리 구성의 변화에 따른 새로운 질서, 새로운 영역과 새로운 자연환경에 적응하면서 새로운 삶을 개척할 수 있었다.

자연재난의 소멸로 새로운 서식지가 열리고 다양성을 포용하여 지적 수준이 한 단계 상승한 집단으로 발전하면서, 사회성 구현이라는 새로운 질서체계를 안착시키는 데 성공한다.

4-6 ▶ 제2의 수난과 영역 다툼

새롭게 정착된 영역에서 오랜 기간 안정과 평화를 누리던 삶에 새로운 수난이 찾아온다.

둔화기를 거친 화산들은 일부 간헐적으로 새로운 활동을 하기 시작하면서 동아프리카 정글 가장자리에 정착한 무리 집단에게서 제2의 수난이 찾아온다.

새롭게 정착한 무리가 새로운 재난에 내몰리면서, 기억하기도 싫은 영역 다툼이 다시 시작되었고 한층 더 끔찍해진 생사의 영역전쟁은 패자들을 정글 외곽에서 사바나 가장자리로 밀어내게 된다.

소규모 활동으로 그친 재난에서 일부 무리가 정착한 영역에서 밀려나 좀 더 열악한 초원 외곽으로 거처를 옮기면서, 또 한 번의 무리 구성의 변화를 거치게 된다.

불가항력적인 생존의 압박은 또 한 번의 변이를 준비하게 되고, 필연의 과정은 고난을 겪어 나가면서 더욱 발전하는 계기가 된다.

4-7 ▶ 약자의 생존전략 또 다른 변이

정글 가장자리에서 밀려난 무리는 제2의 무리 구성을 강요받게 되고, 새로운 수난을 수용할 수밖에 없는 생존의 한계에 내몰리게 된다.

타족 개체 무리가 새로운 영역에서 또 다른 영역전쟁을 겪게 되고, 패자가 된 무리의 잔존 개체들은 또 다른 무리 형성을 선택할 수밖에 없어진다.

그리고, 이들은 '연합 혼합 무리'라는 더욱 다양한 무리로의 탈바꿈을 강요받는다.

가장 어려운 과정의 제1의 수난기를 겪고 살아남은 무리가 제2의 수난을 맞으면서, 더욱 단련되어 한 단계 높은 지적변화와 정서 변이를 낳게 되었다.

생존을 위협하는 절체절명의 수난을 맞으면서 새로운 탈출구로서 다수 타족 개체의 혼합 무리를 형성하게 된다.

이들은 서로를 수용하는 내적 고난에 면역이 생긴 경험이 있어 수준 높은 내적 창발에 따른, 다중사회로 발전을 가능하게 했다.

4-8 ▶ 새로운 질서 체계의 형성

수난에 적응하기 위한 내적 창발과 지적 변이는 수준 높은 다중사회로 발전을 강요하게 된다.

정글 외곽과 사바나 가장자리는 생태·환경적으로 많은 차이를 보여 먹이 조건의 열악함에 새로운 대책이 필요하게 했고, 초식 중심에서 일부 육식을 수용하는 잡식성으로 변이하게 된다.

또한, 사바나 가장자리에서 살아남기 위해 수림과 수림 사이의 이동과 먹이 활동을 위한 초원통과는 불가피해졌다. 초원의 무성한 풀 사이에 잠복하는 포식자를 경계하기 위한 새로운 행동방식인 직립보행(서서 걷기)에 도전하게 된다.

초원통과와 안전 확보는 새로운 모험이었고 살아남기 위해 불가피한 선택이었지만, 두 손을 자유롭게 하는 혁명적 진화를 선물받게 하였다.

'먹이 활동→초원 통과→안전 확보→직립 불가피' 과정은 후각 쇠퇴와 시각 발달에 따른 결과적 변이 과정이다.

드넓은 초원의 단목 상 또는 군상의 수목 위에서 헤아릴 수 없이 많은 초식동물 무리의 생활상을 보면서 많은 새로운 것을 배우게 된다. 무리의 이동과 방어체계, 야간경계 등에 있어 생존을 위해 큰 무리가 유리함도 깨닫고, 포식자들의 협동 몰이를 보고 공동작전과 각자의 역할 분담 등 발상 전환에 많은 자극을 받게 된다.

4-9 ▶ 끊임없는 역 선택의 강요

영역 다툼에서 실패한 약자의 무리와 개체는 살아남기 위해 끝없는 역 선택을 강요받게 되고, 이것을 어떻게 슬기롭게 수용하느냐의 선택이 생존을 보장했고, 또한 발전으로 이끌었다.

다중사회의 수용은 각자의 다름을 인정하는 포용성을, 피아 구분 방법의 통일화는 무리의 결속력 강화를, 열악한 환경의 수용은 식습관 변이를, 먹이활동의 안전 확보는 직립을 유도하는 새로운 질서와 체계를 만들고, 이들을 모두 포용하는 용기가 내적 창발과 지적 변이를 가져왔다.

많은 포식자 사이에서 살아남기 위해서는 큰 무리의 구성이 유리하고, 동물성 먹이의 사냥에는 협동 몰이와 역할 분담의 중요성도 학습했다.

친족 무리에서는 '절대 불가'한 것들이, 연합 혼합 무리를 이루면서 친족 공유가 타족 공유로 발전하는 다양성의 수용을 포용했다.

이러한 용기 있는 도전과 폭넓은 수용력이 지적능력의 극대화를 유도했고, 생존을 위한 새로운 변이가 상상력을 자극하면서 불의 위험과 유익성을 이해하기에 이르고 새로운 역발상의 관심이 불을 얻도록 이끈다.

5. 불의 이용

5-1 ▶ 불을 얻을 수 있는 조건

    지구상에서 자연 상태에서 불을 얻을 수 있는 가장 좋은 조건 환경은 어떤 것이고 또 어디일까? 지능 발달의 한계가 있었던 원인이 어떻게 불을 얻을 수 있었을까? 자연 상태에서 불은 그 생성환경 또한 제한적일 수밖에 없는데, 가장 유리한 곳은 어디였을까…?

    불을 얻기 위한 모험과 도전 그리고 상상력과 역발상의 창발은 어디서 왔고, 지적 빅뱅을 이루는 용기는 어떻게 가능했을까…?

지구상에서 자연 상태의 불은 낙뢰에 의한 발화, 바람에 의한 목재의 지속적인 마찰력에 의한 자연발화, 화산분출에 의한 직접적 발화, 화산 암괴의 지상낙하충돌에 의한 '암괴 간 스파크'에 의한 발화 등으로 구분될 수 있다. 그러면 지구상에서 이들이 일어날 수 있는 환경은 어디일까…?

낙뢰에 의한 자연발화는 지구상 어느 곳에서나 가연성 매체만 있으면 가능하다. 목재의 지속적 마찰에 의한 발화는 밀림이 있고 일정한 방향으로 계속 부는 탁월풍(무역풍)이 있는 지역이면 가능하다. 또한, 화산 분출은 활화산이 있는 지역으로 주변에 가연성 매체가 있으면 상시적으로 가능성이 있고, 화산 암괴의 낙하충돌에 의한 '스파크형 발화'는 찰나의 시간과 장소에 인화성의 바싹 마른 들풀들이 있어야 가능하다.

그렇다면 이 넷을 모두 얻을 수 있는 장소는 지구상에서 어느 곳일까? 그리고 그곳에 인류의 선조인 원인이 살고 있을 장소는 어디일까?

낙뢰는 모든 곳이 가능하므로 제외하고, 밀림이 있고 활화산이 있고 들풀들이 무성한 곳으로서 건기가 있어 바싹 마른 들풀이 있는 곳, 그곳이 어디일까? 그리고 그곳에 원인의 서식지가 있을 수 있는 지역은 어디일까?

5-2 ▶ 역발상과 상상력

지구상 열대우림에는 각각 인원들의 무리가 살 수 있었고, 직립을 위한 조건인 초원이 있고 불을 얻을 조건인 활화산과 우기와 건기가 있어 바싹 마른 들풀이 무성할 수 있는 곳으로 원인들이 살았을 곳, 그곳에서 인류의 선조는 어떤 내적 창발성을 발휘하여 지적 빅뱅을 이루었을까…?

자연재난의 위기에서 살아남기 위해, 타족 개체 무리를 형성하는 포용력과 또다시 다수 타족의 혼합 무리를 수용하는 내적 창발력 그리고 소통방법의 통일화·공통화에 의한 지적 변이를 가능케 했다. '타족의 친족화'를 이끌어 낸 역발상 그리고 불을 얻기 위한 도전과 용기는 극한의 위기에서 생존을 위해 공존을 선택한 모험심의 발로와, 일련의 진화과정을 성공적으로 이끈 선 인류의 지적 창발로 가능했을 것이다.

한 단계 높아진 지적 창발력이 상상력을 자극하여 유익성과 위험성을 치환하는 역발상을 가능하게 하고, 절체절명의 재난을 극복한 도전과 모험정신이 불을 얻을 수 있다는 용기로 변이되면서 지적 빅뱅을 유도하게 된다.

5-3 ▶ 불의 발견과 발명

선 인류가 불을 얻을 수 있는 환경은 자연발화에서 시작되었다.
천연가스의 지속적인 분출지에 낙뢰가 작용한 꺼지지 않는 불을
발견하고, 인류는 불의 원천을 신의 선물로 생각했다. 그래서 불
씨 보호를 신의 숭상으로 여기고 '불을 수호'하게 된다.

암괴의 낙하충돌 에너지에서 건기 초원의 들불로 확산되는 현
상을 보면서, 암괴 충돌에 의한 발화유도의 가능성을 포착했다.
마른 풀잎과 암괴 충격을 결합하는 상상력의 실현을 위해 수많은
도전과 실패의 좌절을 겪으면서도, 사바나 초원에서 포식자를 압
도하고 살아남기 위한 생존의 열망을 꺾지는 못했다.

생존의 극한에 몰린 선 인류가 열대초원으로 진출하기 위한 갈
망은 초원의 맹수를 제압할 수 있다는 불의 매력에 이끌리게 된다.

절체절명의 위기에서, 최고의 위험이 최고의 유익이라는 역발상
을 유도하여, 불을 발명하고 '불을 지배'하기에 이른다.

5-4 ▶ 신의 반열에 오르다

선 인류는 인원에서 열대정글을 벗어나 원인으로 변이했고, 열

대초원으로 진출하기 위해 불을 얻어 인류가 되었다.

불을 얻는 과정에서 수호종과 지배종의 분리도 있었고, 불의 이용으로 모든 동물의 생사를 결정할 수도 있게 되었다.

지구상의 모든 생명체의 생사를 좌우할 수 있어지므로, 신의 대리자로 자처하게 되었고 지구상의 모든 생명체의 생살여탈권을 얻음으로써 신의 반열에 오르게 된다.

초원의 모든 포식자를 압도하고 드넓은 초원으로 진출하여, 인류의 새로운 낙원을 건설하기에 이른다.

5-5 ▶ 체온유지 개념의 변화

인류가 불을 얻음으로써 몸을 감싼 털로부터 해방되게 된다. 불을 활용하려면 털은 거추장스러운 존재로, 생명을 위협하는 도구가 되었다.

불에 의해 털이 제거되고, 체온유지가 불로 대체되는 과정은 불가피한 필연일 수밖에 없다. 불을 얻어 체온유지의 굴레에서 탈출하므로 인류는 극지방까지 진출할 수 있게 되었다.

불을 얻음으로써 모든 동물을 사냥하고 익혀 먹을 수 있어 더욱 풍성한 영양과 추위에 대응할 수 있는 체지방을 축적할 수 있게 되었다.

동물이 생존하는 곳이라면 어느 곳에서도 연명이 가능해져, 지구상 모든 곳이 인류의 보금자리가 되는 데 불가능이 없어졌다.

체온 유지와 먹이 개념이 열대~아열대라는 자연조건에서 불에 의해 해방을 맞았다. 먹을 것이 해결되고, 체온유지의 지역제한이 없어지고, 모든 포식자의 압도는 인류의 전성시대를 예고했고 신에 의한 인류의 계도를 불러온 결과를 자초하기도 했다.

5-6 ▶ 잃어버린 고리 원인

인원은 소통하고 사회성을 확보하는 과정을 거쳐 원인으로 변화했고, 직립하고 불을 얻어 인류로 진화했다.

인원에서 인류로 진화하는 과정의 원인은 어디로 갔고 어떻게 되었을까?

수많은 위험을 겪으면서 살아남은 원인의 무리 중에, 끊임없는 도전과 불굴의 용기로 불을 얻어 인류화한 집단이 탄생한다.

이들 인류로 불리는 집단은 자신들의 영역 다툼과 먹이 전쟁의 경쟁자였던 원인을 잠재적 위험으로 인정할 수밖에 없었다.

불을 가진 인류는 원인들을 어린아이 등의 보호를 위해 심각한 위험으로 생각하여 경계하고, 다툼이 생기면 불을 이용하여 위험 구역 밖으로 물러나게 하였다. 호의적이고 순종적인 개체 원인은 무리의 보호와 영역의 확장을 위한 필요 등에 의해 복속시켜 동화과정을 거치게 된다.

이러한 일련의 과정에서 인류로 진화하지 못한 원인들은, 인류 확산과 동시에 도태되거나 소멸하는 과정을 거치게 된다.

인류에 의해 원인들이 사라짐으로 인해, 원인에서 인류로의 연결고리를 상실하게 되었다. 인류는 원인이 없어짐으로 인해 진화의 고리를 상실하고 오랜 기간 역사적으로 표류하는 결과를 불러오게 된다.

5-7 ▶ 드넓은 대지를 찾아 확산

인류로 진화한 원인의 한 무리가 동아프리카 초원에서 불을 이용, 사바나 전역으로 확산이 가능하게 되었다.

이들의 선조는 친족 무리에서 다수 타족 개체의 무리를 수용하고, 타족 연합 혼합 무리로 발전하는 과정에서 사회성을 확보하게 되었다. 이들은 직립하고 불을 앞세워 소수 정예화가 가능해짐으로, 일부일처제를 수용하는 새로운 무리 형식을 발전시킨다.

이들 무리 집단은 서로 간에 불가침을 맹세하고, 소수정예 집단으로 분산되면서 초원으로의 무한진출과 무한번식으로 초원 전역을 장악하기에 이른다.

열대고원의 적당한 온도는 사계절 먹이활동을 가능하게 했고, 불에 의한 경쟁자 제거와 사냥 등으로 의식주는 해결되고 천적도 압도되었다. 사바나는 이들의 낙원이 되었고 아프리카 초원 전역으로 끝없는 확산을 가능하게 하였다.

5-8 ▶ 사바나의 들불과 화전개념 잉태

사바나 건기의 들불은 많은 동물의 생명을 위협하는 등 문제점도 있었으나, 다음 우기의 더욱 풍성한 새싹을 제공하고 더 많은 열매를 가능하게도 했다.

불을 얻은 인류가 안전 확보와 야간경계 또는 체온유지 등을 위해 주거지 주변을 부분적으로 불태운 곳들이, 더욱 튼실한 새싹과 열매를 다량으로 제공하게 되어 불태움이 풍요로워질 수 있다는 '화전 농경 개념'을 잉태하게 된다.

자연 발화된 들불에 의해 제때 대피하지 못한 일부 초식동물들의 죽음은 사냥을 하지 않고도 식량을 얻을 수 있는 기회였고, 또한 불에 잘 익은 동물고기는 천연 수렵과 훈제고기의 개념으로 변이를 가능케 했다.

6. 유전정보는 마음인가?

6-1 ▶ 생체적 유전정보 DNA

인류의 유전정보는 무엇일까? 유전이라 함은 진화에 바탕을 두었다고 할 수 있다.

인류가 창조되었다면, 창조된 후의 생명체로서의 유전정보가 있을 것이다.

진화되었다면, 생체적 유전정보는 원숭이→인원→원인→인류로 진화되었을 것이다. 창조에 바탕을 둔다면 원시 인류→석기 인류→고대 인류→현생 인류로 발전했을 것이다.

이들의 생체적 유전정보는 DNA로 유전되고 있다.

인류는 생명체로서, 생체적 유전정보만 있을까…? 만일, 정신적 유전정보가 있다면 유전될 수 있을까…? 그리고 그것은 무엇일까…?

6-2 ▶ 정신적 유전정보는 무엇일까…?

인류의 생명체로서의 유전정보는 생체과학의 발전에 힘입어 게놈지도(유전자 지도)가 완성됨으로 인해 DNA로 영속된다는 것이 밝혀졌다.

그러면 인류는 정신적 유전정보는 없는 것일까? 사람은 지구상에서 어떤 동물보다 뛰어난 유전자를 가지고 있다고 본다. 그리고 사람의 능력은 육체적 우월성보다는 정신적 우월성을 매우 높게 평가하는 것이 인류로 구분된 동물의 특성일 수 있다.

그렇다면, 이 정신적 우월성은 어떤 것이고, 어떤 형태로 영속되고 있을까? 그런 것이 있다면, 그것은 정신적 유전정보일 것인데 그것이 무엇일까? 유전정보라면 누구나 가지고 있고 저절로 가능한 것이다.

그런 것을 인류가 가지고 있다는 것인데, 누구나 가지고 있고, 대부분 서로 유사하고 저절로 가능한 정신 인자로서의 유전정보, 그것이 무엇일까…?

6-3 ▶ 언제나 청춘, 영원히 살 것처럼…?

사람은 아무리 늙어도 마음은 청춘이다. 왜일까? 어린아이는 아무것도 모르면서 모두를 할 수 있는 것처럼 행동할까?

젊은이는 모든 것을 할 수 있을 것처럼 열정이 넘치고 겁이 없다. 어른들은 영원히 살 것처럼 세상을 살아간다. 그리고 늙은이는 늘 죽는다고 하면서도, 죽으라면 서러워할까?

이러한 것들은 사람이라면 누구나 가지고 있고, 공감하는 공통 정서로 볼 수 있다. 이것은 어디서 왔고 어떻게 전수 되었을까…?

6-4 ▶ 올라가는 것은 아는데, 내려오는 것은…?

일반적으로 사람들은 자기가 최고라고 생각한다. 그래서 모든 일에 겁 없이 도전하고 좌절한다. 그리고 가슴 아파하면서, 죽을 것처럼 힘들어한다.

자기능력을 과시할 수 있는 것이라면 권력, 명예, 재산 등을 끝없이 욕망한다. 이런 끝없는 욕망은 성취에만 몰두하지 그다음에 대한 배려나 준비는 없는 것처럼 보인다.

많은 사람이 그러한 욕망을 충족하거나 대부분은 충족하지 못하면서도, 충족된 이후의 일에 대해서는 소홀해서 낭패를 본다. 이것은 왜 그러할까…?

6-5 ▶ 인류의 공통정서

- 남자들은 자신을 과시하려 하고, 그것을 입증해 보이는 것을 중요시한다.
- 여자들은 능력보다는, 관계를 중시하고, 소통하려 한다.
- 그리고, 모두는 언제나 청춘이고, 영원히 살 것처럼 착각한다.
- 자신이 최고라고 생각하고, 끝없는 도전에 몰두하기도 한다.
- 이러한 공통정서는 어디서 비롯되었을까?

- 그것은 각자의 마음에서 시작되었을 것이다.

6-6 ▶ 공통정서는 저절로 전수될까…?

사람들은 이러한 공통정서가 앞선 세대에도 있고 그다음 세대에도 또한 같이 가지고 있다.

그렇다면 이러한 공통정서는 누가 가르쳐 주고 학습한 것인가?

사람들은 교육을 받지 않으면 아무것도 할 수 없는 것처럼 생각한다.

이런 것 들은 선행 세대를 보고 배운 것일까? 아니면, 저절로 전수되는 것일까…?

6-7 ▶ 그런 것이 있다면, 그것은 무엇일까…?

사람에게 세대 간 저절로 전수되는 것, 그런 것이 있다면 그것은 무엇이고 무엇이라고 특정해야 할까?

대부분의 공통정서는 마음에서 비롯된 것으로 보인다.

사람에게 공통정서가 있고, 그것이 저절로 전수되고, 그것이 마음에서 비롯되었다면, 마음은 저절로 전수되는 것일까…?

누구나 가지고 있고, 저절로 전수되는 공통정서가 마음이라
면…!

마음은 무엇일까…?

6-8 ▶ 마음은 내 것인가…?

인류의 공통정서가 마음이고, 그것이 저절로 전수 된다면 그것
도 '유전정보'일 수 있다. DNA처럼…?

그럼 그것, 즉 마음은 누구나 공유되는 것이고 유전된 것이라고
봐야 하는데, 그렇다면 과연 마음은 내 것일까…? 아니면 선조의
것일까…?

그리고 누구나 가지고 있는 것이라면, 소유가 가능할까…?

그러나 마음은 내 속에 있다. 그러면 누구 것인가? 그리고 내 속에 있는 마음이 때로는 따로 놀기도 하고, 여럿일 수까지도 있다…!

6-9 ▶ 나는 누구인가…?

사람은 생명체인 몸이 있고, 생각을 하는 머리가 있다. 그리고 공감하는 가슴이 있다.

몸은 내 것이고, 생각도 내가 했는데, 행동하게 하고 나답게 하는 것은 마음에서 온다.

그런데, 마음은 선조의 것이고, 공유하는 것이고…. 그렇다면 나는 누구인가…?

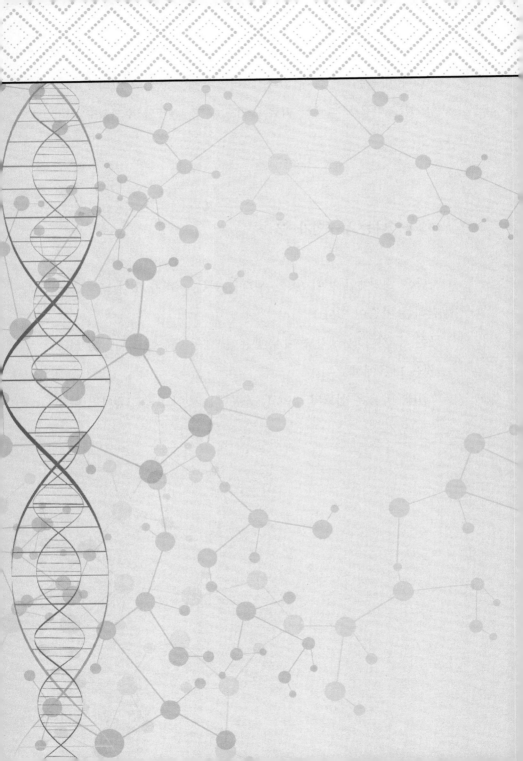

마음의
가설

1. 행적 Data의 집적

1-1 ▶ 행동한 것은 저장되고 기억된다

- 사람이 생각하여 마음으로 동의하고, 가슴을 움직이게 해서 행동한 것은 Data화되어 저장된다.
- 저장된 Data는 향후 필요시, 생각에 의해 기억되어 제공될 수 있다.
- 행동한 결과는 Data화 되어 모두 머릿속에서 저장되고 관리된다.
- 필요한 경우 저장된 Data는 생각에 의해 회상할 수 있다.

1-2 ▶ 유사한 행적은 더 쉽게 반복된다

- 행적은 반복될수록 더 쉽게 기억되고, 더 쉽게 행동한다.
- 반복된 행적, 즉 습관적 행적은 숙고가 필요 없다.
- 유사한 행적이 반복될수록 다시 행동할 가능성이 높아진다.
- 일정 수준 이상 반복된 행동은 생각 없이 스스로 작동한다.
- 습관화된 행적은 별 숙고 없이 저절로 실행될 수 있다.
- 행적 Data는 후대에 유전정보로 전수되는 것으로 보인다.

1-3 ▶ 행적의 유형별 분류저장

- 행적은 유형별, 사례별로 각기 분류 저장된다.
- 사례별 유형이 유사할수록 함께 저장할 확률이 높다.
- 저장빈도가 높은 행적은 회상 회고력이 확장될 수 있다.
- 선대의 유사한 행적 Data가 중첩되면서 행적 빈도를 높이
  는 데 기여한다.
- 현세대의 행적 Data가 선대분과 중첩되어, 그 빈도만큼
  확장될 수 있다.
- 그래서 습관화, 관행화, 경향화가 가능하다.

1-4 ▶ 유형별, 행적의 비율 순, 선택저장

- 행적 빈도가 높은 행적은 상위에, 더 넓은 공간에 선택 저장된다.
- 유형별 행적이 선택빈도가 높을수록, 쉽게 찾을 수 있게 저장된다.
- 행적 빈도가 낮은 행적은 하위나 주변부의 좁은 공간에 선별 저장된다.
- 분류 저장은 행동주체의 생각과 마음에 의해 재분류나 특별 분류가 가능하다.
- 행적 주체마다 특별 분류기준이 다를 수 있어 기억과 회상에 장애가 될 수 있다.

1-5 ▶ 현상요소의 차별화로 행적도 변화

- 행적요소는 유형별 사례별로 분류저장이 되나, 행적 당시의 주변 환경과 현상요소에 따라 차별적 분류가 가능하다.
- 유사한 행적이라도 환경요소에 의해 예민도의 변화가 불가피하다.

- 환경요소별, 예민도별로 유형과 사례에서 분류저장이 가
능하다.
- 습관적 반복을 둔감도라 하면, 반복 행적별 차이를 예민
도라 한다.

1-6 ▶ 행적비율의 빈도 차와 저장의 선후

- 행적비율이 높고 예민도와 빈도 차가 높을수록 우선 저장
된다.
- 우선 저장은 상위에 넓은 공간에, 기억되기 쉬운 방법으로
저장된다.
- 우선 저장은 쉽게 기억, 반추되므로 우성이라 한다.
- 행적비율이 낮고 빈도도 낮은 경우, 비좁은 곳에 또는 가
장자리에 저장되어 분류가 곤란해질 수 있다.
- 분산되어 어렵게 저장되면 기억도 쉽지 않아서 열성이라
할 수 있다.
-

1-7 ▶ 선 인원기의 영향

- 인류의 행적 Data가 저장되고, 이것이 기억 가능하다면
  현재의 행적도 중요하지만 선대의 행적도 상당한 영향이
  있을 것이다.
- 이렇게 행적이 저장되고, 이것이 기억된다면 과거 선조들
  의 행적은 어떻게 될까?
- 선조들의 선사 행적도 심대한 영향을 주었을 것으로 보인다.
- 선사 행적은 행적유형은 단순하더라도 시간과 세대의 중
  첩이 높기 때문에, 수천만 년에 걸친 선 인원기의 영향을
  무시할 수 없을 것이다.

1-8 ▶ 선 인류기의 영향

- 인류의 행적이 Data로 저장
  되고 기억된다면, 선 인류의
  행적 중첩도도 상당한 영향
  을 줄 것이다.
- 현재는 도태 소멸한 원인기의 행적 유형은 어떤 것일까…?
- 원인기의 행적유형 또한 저장되었고, 또한 기억될 것이다.

- 그렇다면 원인기의 행적을 어떻게 유추할 수 있을까…?
- 그들은 어떤 행적을 남겼고, 그 Data는 현세에도 작용할 것이다.
- 인류로 진화하는 과정에서 가장 중요한 변이 또는 획기적인 변화의 시기였고,
- 짧은 시간이었지만 돌연변이에 준하는 진화를 이루었기에 중요도가 매우 높을 것이다.
- 행적 당시의 절대도(생명과의 대체도)의 무게에 따라 심각한 영향을 줄 수 있다.

1-9 ▶ 선 영장기의 영향…?

- 선 인류의 영향이 Data로 저장되어 현세에 기억된다면, 선-선인원기, 즉 동물기의 영향은 없을까…?
- 선 인원기는 꼬리가 퇴화하는 과정의 기간을 뜻하고, 선-선인원기는 꼬리가 있는 동물과정의 기간을 말한다.
- 행적 Data가 축적된다면 선 영장기의 행적은 어떠했을까…?
- 그리고 이들은 현세대에 어떤 영향을 미칠까…?

2. 집적 Data의 검색

2-1 ▶ 자동검색 조건은 최고확률 우선!

- 인류의 행적 Data는 계속 축적되면서 진화한다.
- 선행 행적 Data 검색은 가장 확률과 빈도가 높은 순으로
  기억되고 제공된다.
- 행적 Data는 유형별 사례별로 최고빈도(예: 100%)는 본
  능적으로 검색되어 제공된다.
- 차 하위 빈도 Data는 자동 본능적 검색은 불가능하고, 생
  각해야 검색되고 기억될 수 있다.
- 행적 Data의 확률빈도가 낮을수록 기억될 가능성이 희
  박해진다.

2-2 ▶ 자동검색 결과와 적용환경의 변수

- 행적 Data의 최고빈도 유형이 본능적으로 자동검색된다
  면, 선대의 행적환경과 현재의 행적환경이 다른데도 적용
  에 영향은 없을까…?
- 본능적 자동검색 Data라도, 현행환경의 차별점 때문에 자
  동적용을 유예하거나 지연 제공될 수도 있다.
- 행적의 유형과 사례는 같더라도 행적환경과 현행환경의 고
  려는 필요하다.
- 고려가 소홀하면 바로 적용될 것이고, 고려가 있을 경우 재
  검색을 수행할 수 있어 보다 합리적인 결과를 도출할 수 있
  을 것이다.

2-3 ▶ 환경이 다르면 검색 결과도 달라야…?

- 집적 Data의 행적환경과 현행환경이 다르면 검색 후 적용
  에도 간극이 있을 수 있다.
- 서로 다른 행적환경을 고려하지 않고 소홀히 행동할 경우,
  결과의 차이가 발생할 수 있다.

- 행동 후 후회하는 사례가 유형별, 감정별, 환경별, 미 고려
  에서도 초래될 수 있다.
- 생존과 관계되는 사례는 불가피하더라도, 그렇지 않으면
  한 번 더 고려하는 것이 후회를 줄일 수 있을 것이다.
- 갈등과 분쟁요소가 있을 때, 숙고에 따른 합리적 검색과
  유도가 필요해진다.

2-4 ▶ 고뇌의 무게가 선별 검색을 유도

- 행적이 Data화되어 저장될 당시의 환경과 현재의 환경은
  상당한 변수가 있다.
- 이러한 차이는 생각의 심도에 따라 더욱 유사한 또는 사례
  에 근접한 Data를 검색할 수 있다.
- 생각의 심도와 고뇌의 무게가 높을수록 서로 다른 Data
  를 검색하여 기억해 낼 수 있다.
- 숙고의 결과가 미흡하다고 생각되면, 좀 더 고뇌해 보라.
- 그러면 현행환경과 사례에 좀 더 근접한 Data가 기억되어
  제공될 수 있을 것이다.

2-5 ▶ 늦게 저장된 Data가 우선될 수 있다

- 행적 Data는 시간적 차별도 고려 대상이 될 수 있다.
- 오래된 Data는 기억이 어렵고 최근의 행적은 쉽게 기억
  될 것이다.
- 가볍게 생각하면 최근의 Data가 검색되고 고려가 없으면
  그대로 제공될 수도 있어, 현상요소의 차별적 고려 없이
  행동할 수 있을 것이다.
- 필요할 경우 부모세대 또는 조부모 세대의 행적 Data가
  우선 검색 제공이 가능하다.
- 그래서 근접한 선행 세대의 행적 Data를 우성이라 할 수
  있다.

2-6 ▶ 활성 Data가 우선 될 수 있다

- 가장 늦게 저장된 Data가 가장 먼저 검색이 가능하다.
- 현행 세대의 행적 Data가 우선 검색될 수 있다.
- 언제나 현행 Data가 우선 되므로, 착시 현상을 줄 수도
  있다.

- 선대의 좋은 행적 Data가 저장되어 있음에도, 부주의할
  경우 부실 Data의 적용이 가능해질 수 있다.
- 현행 세대의 행적 Data를 활성이라 할 수 있다.

2-7 ▶ 활성, 우성, 고 확률의 묵계적 맹점

- 현행 세대의 행적 Data가 활성화되어 있어 우선 검색이
  가능하다.
- 근접 선행 세대의 행적 Data가 우성화 되어 있어 우선되
  어 기억될 수 있다.
- 전체 행적 Data 중 가장 빈도가 높은 Data가 자동선택이
  가능할 수 있다.
- 선행 행적 Data의 현상 환경과 현재의 현상 환경의 차가
  소홀히 되거나,
- 활성 Data 또는 우성 Data가 왜곡되어 있을 경우의 문제
  도 고려가 필요하다.
- 고빈도 Data가 현상 환경의 고려가 부족했을 경우의 문제
  도 발생할 수 있다.
- 이러한 맹점을 보완할 수 있는 고려는 없을까? 한번 생각
  해 보자.

3. 사람과 동물의 구분 I

3-1 ▶ 생각은 사람만 가능한가…?

사람과 동물의 구분에서 가장 큰 차이점을 생각하는 능력으로 알고 있고, 또한 그렇게 생각했다.

그러나 마사이 소년과 꿀잡이 새, 툰드라 까마귀와 오소리, 마못들은 모두 생각이 가능하고 뉴칼레도니아 까마귀와 대부분의 영장류는 도구사용도 가능하다.

협동사냥을 하는 사자나 늑대도 생각이 없으면 역할 분담이 불가능하다. 또한, 코끼리, 북극곰 등 상당수의 고등동물도 생각하는 능력이 있는 것으로 봐야 한다.

그렇다면 생각하는 능력으로 사람과 동물을 구분하는 것이 차

별성이 있을까? 사람은 생각하는 폭이 매우 넓어 동물과 비교는 어렵지만, 생각하는 능력만으로 구분하는 것은 무리가 있다 할 것이다.

3-2 ▶ 행적 Data는 동물도 가능하다

상당수의 동물이 생각이 가능하다면, 행적 Data의 집적과 검색도 가능하다고 봐야 할 것이다.

그렇다면, 대부분의 동물이 무리 간 소통능력을 인정받고 있는 상황에서, 사람과 동물의 다른 점을 무엇으로 구분해야 할까?

직립, 즉 이족보행(두 발 걷기)인가? 직립은 인원류의 대부분이 가능하고 일부 동물들도 짧은 시간은 가능하다. 다만 장시간의 직립보행이 불가능할 뿐이다.

3-3 ▶ 상상력과 역발상

우리는 사람과 동물의 구분에서 외형적으로는 결정적 단정이 곤란해졌다. 생각하는 능력도 있고, 의사소통도 가능하고, 사회성은 초식동물들의 무리 구성, 특히 사바나의 소과 큰 영양인 누(Gnu)들은 수십만의 집단으로 구성되어 있음을 볼 수 있다.

결국은 불의 사용으로 구분할 수밖에 없는데, 불의 이용은 '지적 빅뱅'으로 가능했다고 봐야 한다. 그리고 지적 빅뱅은 '상상력과 역발상'이 없이는 불가능한 창의적 과정이다.

상상력, 즉 꿈을 꿀 수 있고 꿈을 가질 수 있는 것과, 뒤집어 생각하고 다시 바꾸어 생각할 수 있는 역발상은 동물도 가능할까?

불가능하다면 그것은 어디서 왔을까? 그리고 언제부터 가능했을까…?

3-4 ▶ 영장과정의 축복

사람들은 언제부터 상상력을 가졌을까? 인류 진화 과정에서, 동물과 구분되는 중요절차 과정은 무엇일까?

대부분의 동물은 꼬리를 가지고 있고, 사족보행(네발 걷기)을 한다. 그러나 사람과 인원은 꼬리가 퇴화되고, 이족보행(두 발 걷기)을 한다.

인류의 꼬리 퇴화는 동물→인원→원인→사람으로 가는 핵심 길목 절차의 시작이다. 원숭이에서 인원으로 진화하는 과정, 즉 꼬리의 도태는 축복이었을 수 있다.

꼬리의 도태는 직립이라는 외형적 변혁과 도구 사용이라는 획기적 변화를 가능하게 했고, 꼬리 도태에 필요한 수천만 년 동안 이런 외형적 변화 외에 '내적 창발', 즉 지적 변이는 없었을까…?

3-5 ▶ 상상력의 처리공간, 뇌 용적

상상력은 언제부터 가능해졌을까? 인류기 이전 언젠가부터 가능했을 것이다. 평소에 또는 종전에는 보지 못했던 새로운 많은 것을 보게 되면 생각이 많아질 수밖에 없고, 생각이 많아지면 머리는 점점 복잡해질 수밖에 없다.

이렇게 생각이 많아지고 복잡해지면서 상상력도 더욱 확대되었을 것이다. '보고→판단하고→행동하고'와, '느끼고→분별하고→움직이고'의 단순과정에서 '느끼고→생각하고→판단하고→행동하고'로 생각의 과정이 추가되면서, 생각에 의해 행동이 복잡·다양해졌다.

생각에서→상상으로→뒤집어 생각하고, 또 다른 생각으로 바꾸고, 이런 것들은 시간적 여유가 있어 한가로울 때 가능할 것이다.

그리고 이런 복잡한 생각의 처리를 위해 많은 처리공간과 저장 공간이 필요해져서 뇌 용적의 무한한 확대를 가능하게 했을 것이다.

3-6 ▶ 상상력의 기억 복기

지나간 생각의 되돌려 보기, 즉 상상력의 기억 복기는 가능할까? 상상력은 어떤 형태로든 변화와 되돌려 보기가 가능해야 하고 이 상상력의 진행과정을 되짚어 보는 과정이 기억의 복기라 할 수 있다.

인류 진화의 가장 중요한 고리는 '상상하고, 복기하고, 변화하고'다. 그리고 '포기하고, 새로운 생각을 시작하고, 또 확장하고, 다시 되돌아보고' 하는 과정이다.

이렇게 생각의 다양성을 수용하는 과정과 다양성을 융·복합하는 과정이 '현실에서는 보이지 않는 것을 보게 할 수 있고, 또 실현을 가능하게 할 수 있게 하는' 내적 창발력이다.

상상력의 기억 복기는 생각이라는 영역에서 가장 크고 여유 있는 공간에서 가능하므로, 뇌 용적의 충분성이 보장될 때 가능할 것이다.

3-7 ▶ 복기된 상상력이 역발상이다

새로운 생각을 하고→그것을 되짚어 보고→또 생각하고, 그러는 과정이 상상력이고 역발상이라 할 수 있다.

상상력은 끝없는 확장이 가능하고 이것을 되돌아보는 기억의 복기도 끝없는 변화가 가능하다. 즉, 상상력과 역발상만이 인류만의 차별화된 덕목이 아닐까?

다른 동물도 이것이 가능할까? 아무도 단정할 수 없을 것이다. 그리고 이것은 뇌 용적과 직접 상관될 수밖에 없을 것이다.

3-8 ▶ 상상력이 가능한 환경

상상력이 가능하려면 어떠한 걱정거리도 없어야 할 것이다. 천적도 없고→먹을 걱정도 없고→잠잘 걱정도 없고→할 일도 없고, 이러한 환경이 인류 진화과정에 있었다는 것인데, 어느 시기였을까?

꼬리가 도태되려면, 정글 위에서 굳이 움직일 필요가 없는 환경이면서 도망갈 필요도 없어야 한다. 눕거나 앉아서 한없이 넓은 하늘을 보면서 끝없이 변하는 구름만 쳐다볼 수밖에 없는 환경일 것이고, 끝없는 녹색 정글만 펼쳐진 자연조건일 것이다.

결국은 꼬리의 도태와 상상력은 동시성이 있고 녹시 환경이 바탕색일 수밖에 없었을 것이다.

3-9 ▶ 역발상에 따른 용기

정글 위에 누워서 한없이 변화하는 구름을 바라보면서, '왜 구름의 모양은 끝없이 변할까?' 그리고 변하는 구름의 지나간 형상을 복기해 보기도 하면서 여러 가지 생각의 확장과 상상력을 연계하고, 그것을 다시 기억하고, 이런 과정의 반복은 거꾸로 변화가 가능할 수 있다는 믿음이 생기게 했을 것이다.

상상력 속에서 역발상의 수없는 반복은 실제에서의 역발상의 행동화를 꿈꿀 수 있게 했을 것이다. 수컷들의 최고라는 도전의식과 생존을 위한 절박성은 두려움을 잊은 저돌성과 용기를 부추겼을 수 있다.

그리고 위험을 감수하는 선택과, 수컷들의 자기과시 본능이 상승작용을 하면서 모험적 실행으로의 발전을 가능하게 했다.

4. 생식 가능기 이후의 유전정보

4-1 ▶ 선 인류기 지혜의 전수방법

인류의 유전정보가 있고, 그것이 누구나 가능하고 저절로 전수된 것이라면, 생식 가능기 이후에 지득한 생존을 위한 유익한 정보는 어떻게 전수될까?

차세대 잉태 전의 행적 Data는 유전정보로 다음 세대에 전수가 가능하다. 그렇다면 생존에 직접 영향을 주는 유익한 정보는 많은 경험을 한 생식 가능기 이후의 삶에서 얻어졌을 텐데, 이것을 어떻게 전수할까?

결국, 이것은 행동으로 보여 보고 따라 하게 하는 반복된 학습으로 전수하는 수밖에 없을 것이다. 그리고 소통과정의 전수는 언어에 의한 이야기와 노래로 전달될 수밖에 없을 것이다.

4-2 ▶ 생존을 위한 지혜는 전수된다

생식 가능기 이전의 행적 정보는 축적된 행적 Data의 유전으로 전수가 가능하다.

태어나서의 성장 과정은 부모의 행동을 보고 학습하면 되는데, 이렇게 학습한 많은 행적 Data는 번식이라는 과정을 거쳐 유전될 것이다.

인류의 많은 생존을 위한 유전정보들이 생식을 통해서 유전된 다면, 생식 가능기 이후의 정보는 어떤 방법으로 전수되고 학습 발전되는 것일까…?

직접 보고 학습하는 방법 외에는 언어로 설명하여 교육하고 전 달하는 방법밖에 없을 것이다.

언어로 교육된 인류의 가장 유익한 정보들이 단절되었다면, 인 류로 진화할 수 있었을까…?

4-3 ▶ 공존을 위한 지혜는 어떻게 전수될까?

모든 동물은 번식 후 자립까지, 선행 세대가 안전하게 보호하고 생존에 필요한 지혜를 가르친다.

그리고 이 기간은 친족 무리 외, 다른 개체와 무리에는 접촉을 금한다. 그렇다면 타족 개체 또는 타족 무리와의 접촉과 파악은 어떻게 할까? 사회성을 위해서는 친족 개체보다 타족 개체와의 공존이 중요한 지혜일 터인데….

타족 개체나 무리와의 공존을 위한 지혜는 선행 세대의 유전정보로는 전달이 불가능하다.

건전한 사회성을 위한 다양성의 포용은 성체가 된 후의 공존의 지혜일 터인데, 이것을 전수받는 방법은 학습하는 방법 외에는 불가능하다.

이러한 심각성의 요구가 언어의 정밀화를 지원하게 되었을 것이다.

4-4 ▶ 보고 따라 하면서 배웠다

대부분의 동물은 생존을 위한 지혜를 선행 세대의 행동을 보고 배운다.

이들은 부모로부터 생존을 위한 최소한의 정보를 학습한 후 자립하는 과정을 거쳤을 것이다.

물론 모계사회의 여성성체의 경우는 양성화합과 번식, 양육, 공존의 질서 전반을 학습하고 경험했기에 나이 든 할머니 성체가 가장 지혜로울 것이다.

남성개체의 경우는 공존의 질서와 생존의 지혜를, 양육 기 이후에는 학습할 기회가 불투명하다.

늙은 수컷과 젊은 수컷의 보완적 연합이 이루어질 기회가 있었다면 가능했을 것이다. 그리고 언어에 의한 소통이 가능하다면 또 하나의 지혜로 발전했을 수 있다.

4-5 ▶ 공존을 위한 지혜와 전수는 오랜 경험이다

친족 집단 내의 생존과 공존을 위한 지혜는 늙은 성체로부터 학습하여 전수될 것이다.

타족 개체들과 연합을 이룬 경우의 처신이나 타족 무리와 근접할 경우 영역 다툼의 해법, 타족과 소통 및 협상 방법 등은 경험이 많은 우두머리를 따라 배울 수밖에 없다.

어른이 되어 무리를 보호해야 하는 개체의 경우 서로 간의 충돌 또는 외부개체 무리와 충돌·타협 등 모두를 경험으로 학습하게 되었고, 이들과의 공존의 지혜도 오랜 경험을 통해 학습되고 전수된다.

4-6 ▶ 이 경륜을 전수할 방법은…?

생존을 위한 최소한의 지혜는 유전정보로 가능할 수 있다. 그러나 그 후의 공존을 위한 많은 경험적 정보는 어떻게 할까…?

보고 배우는 방법 외에는 다른 방법이 있을까? 언어나 동작 등의 소통능력이 월등하면 경험학습 외 다른 방법도 가능할 수 있으나, 언어나 표정, 동작 등이 매우 단순할 수밖에 없던 시기에는 전수가 곤란했을 것이다.

공존의 지혜를 전달할 방법이 경험에 의한 학습밖에 없었다면, 다양하고 유익한 지혜는 한두 세대의 축적으로는 불가능할 수 있어 혁신적 발전이나 변이는 곤란하다.

이 문제의 해결이 진화에 주요 변수로 등장할 수밖에 없다.

4-7 ▶ 언어에 의한 전수는 이야기로!

모든 고등 동물의 생존과 공존을 위한 지혜는 학습에 의한 전수가 우선 된다. 행동 학습의 기회가 수년 또는 수십 년에 한 번 기회가 온다면 단절될 수도 있다.

결국, 매우 중요한 정보는 언어로 전달하는 방법을 선택하였고 잘 꾸며진 이야기로 전달할 수 있도록 되었을 것이다.

이러한 절실함이 언어를 폭넓게 그리고 세밀하게 발달할 수 있도록 요구했을 것이다. 상당한 양의 이야기로 전수된 정보를 기억해야 하므로, 기억의 저장공간 확장을 유도해서 뇌 용적 확대를 가져왔다. 그리고 이러한 필요성은 문자의 필요성을 더욱 절박하게 했을 것이다.

4-8 ▶ 이야기의 함축은 노래로!

언어로 전달해야 할 정보가 많아질 경우, 전달과 기억의 양적 불편을 해소하기 위해 꼭 필요한 내용만으로 축소가 불가피했을 것이다.

일반적인 지혜의 전수는 이야기의 형태로 전달하고, 매우 중요하나 수세대에 한두 번 있을 정보는 축약이 불가피해져서 이야기의 내용을 함축한 노래의 형식으로 외도록 하는 것이 유리했을 것이다.

물론 문자가 있기 전의 상황에서는 그림의 형태로 전수가 가능했을 수 있다.

4-9 ▶ 전수과정에서 변형된다

생존을 위한 정보가 유전으로 전수될 수 있다면, 공존을 위한 정보의 전수 또는 중요한 생존정보는 언어로 전달되었을 것이다.

전달 과정에서 일부는 누락되고, 일부는 첨가되면서 수세대를 지나면서 약간씩 변형되고 보완될 수밖에 없었을 것이다.

이야기와 노래로 전수된 지혜는 당시의 환경을 떠올리면서 적합도를 인정할 수 있는 합리적 추론이 동반되어야, 현상 환경과의 차이를 줄일 수 있고 현실적용이 가능해질 것이다. 여기서 훌륭한 리더의 필요성이 제기된다 할 것이다.

5. 이타성과 인권의 형성

5-1 ▶ 집단 이기주의와 이타성

친족 집단으로 무리가 구성된 경우, 무리 내 서열은 존중되나 먹이 분배는 공유성을 가지고 있어 집단 이기성을 나타낸다.

새끼가 딸린 어미와 새끼양육을 위한 먹이 나눔은 세력 확장을 위해 무리 내 공유가 고려된다.

그러나 다른 무리와의 나눔은 불가능하다. 무리의 생존과 직결되어 있기 때문이다. 각 무리가 영역이 있는 것은 그 영역에서 나오는 먹이로 무리가 생존해야 하기 때문에, 살기 위해서 영역을 목숨을 걸고 지키는 것이다.

친족 내에서는 공유가 가능하나 타족과의 공유는 불가능한 것이다. 그렇다면 이타성은 어디서 왔을까…?

5-2 ▶ 타족 연합 무리의 '친족화'가 이타성의 본질

자연재난으로 영역이 붕괴되는 과정에서, 많은 성체가 죽거나 부상을 당했다. 영역에서 밀려난 잔존 무리는 노약개체로서 무리를 지킬 힘이 부족했다.

소수의 약체화된 일부 무리가 살아남기 위해 서로 협력하여, 새로운 무리를 구성하는 과정을 거치게 된다.

이들은 생존을 위해 서로를 포용하는 타족과의 공존을 선택하는 것이 불가피해졌다. 이런 과정을 통해 타족 연합 무리가 탄생하고, 이들은 친족화 과정을 거칠 수밖에 없어졌다.

친족 공유의 집단 이기성이 타족 연합 무리의 친족화 과정을 통해, 공유화 과정을 거쳐서 타족공유를 허용함으로써 생존을 위한 공존의 선택이 진정한 사회성, 즉 이타성의 실현과정을 거칠 수밖에 없어졌다.

5-3 ▶ 이타성의 접근과정

타족의 친족화 과정을 거치면서, 친족 공유성이 타족 공동공유가 되면서 이타성을 수용했다.

그렇다면, 공유성은 어디서 어떻게 시작되고 발전되었을까? 친족 개체 간의 공유는 어미와 새끼 간의 모성 공유에서 비롯되었다. 친족 여성 성체들은 같은 시기에 육아 과정을 거치게 되는 경우, 먹이활동과 육아의 이중부담을 줄이기 위해 공동육아의 선택이 불가피해졌다. 무리 내 공동육아가 모성 공유에서, 무리 공유라는 집단공유성으로 발전하고 이것은 외적으로는 집단 이기성으로 표출되나 내적으로는 무리를 무리답게 하는, 심리적 결합체로서 공유적 관계를 형성하게 된다.

생존을 위해 타족과의 무리를 형성하고 모성 공유와 공동육아 공유를 거치면서, 무리 공유의 이기성으로 표출되고 다시 타족의 친족화 과정을 거치면서 공유성(집단 이기)에 의한 이타성이 실현된다.

이것이 진정한 사회성을 수용하게 되므로 보편 이타로 승화하는 과정을 시작하게 된다.

5-4 ▶ 불을 얻고서 존엄이 생겼다

불가항력의 재난으로 타족의 친족화를 유도했고, 집단 이기가 공유적 이타성으로 전이하게 되었다. 타족 연합 무리에서 타족 연합 혼합 무리로 발전하면서 사회성도 확립하게 된다.

이러한 사회성 과정에서 공유적 이타성은 보편적 이타로 변이하게 된다. 생존을 위해 공존을 선택하고, 집단 이기에서 보편 이타를 수용하면서 위험을 감수할 때 새로운 세상이 열린다는 것을 배웠다.

역발상과 상상력이 진전되면서, 큰 위험을 넘으면 많은 유익함이 생기는 양면성도 이해하게 되었다. 위험을 감수하는 역발상에 의해 불을 얻게 되고, 불을 얻어 모든 생명체의 으뜸이 되므로 존엄이 생겼다.

5-5 ▶ 생살여탈권의 반작용

인류는 역발상과 상상력 그리고 새로운 도전과 성취로 불을 얻었다.

불은 나에게는 매우 유익하나, 남도 가질 수 있다는 역발상은 두렵고 위험한 것이었다. 불가피하게도 불에 의한 생사문제는 반대로도 작용할 수 있는 것이었다.

어떻게 할까? 불을 버릴까? 다른 무리도 불을 가질 수 있다는 새로운 걱정이 생겼고, 심각한 현안에 봉착하게 된다.

버릴 수도 없고, 그렇다고 남을 또는 다른 무리를 믿을 수도 없는 상황이 발생하면서 현대의 핵 보유와 같은 딜레마에 빠지게 된다.

5-6 ▶ 불의 두려움이 상호 존중의 협약을!

불을 얻은 집단의 각 개체 또는 집단 내 각 무리 간 상호 신뢰의 보장이 없이는, 편히 잠들 수 없는 상황이 눈앞에 펼쳐지게 되었다.

무리 내 모든 개체가, 집단 내 모든 무리가 같은 문제에 빠져들어 끝없는 공포가 일상을 마비시켰다.

이 문제의 해결책 없이는 공멸을 면할 수 없는 위기에서 불을 얻은 무리 간, 개체 간에 상호 존엄을 인정하고 존중할 때만 위험을 벗어날 수 있음을 공감하게 된다. 결국, 불을 다룰 수 있는 무리 간, 개체 간 절대 존엄을 인정하고 상호 존중을 맹약하는 의식을 거치면서, 맹약을 어길 경우 같은 벌을 받기로 모두가 결의하고 협약을 맺게 된다.

협약의 이행을 상호 감시하기 위해 상호 교류가 필수 과정이 되었고, 이러한 교류는 상호 번영을 가속화시키는 계기가 되었다.

상호 불가침 협정은 인권을 완성하는 절대적 기준으로 정착하게 되고, 호의적 교류는 혼인동맹으로 발전하고, 혼인교류는 인류의 유전적 우월성을 확립하는 결과로 나타났다.

5-7 ▶ 핵 확산 방지조약과 선사의 불가침 협정

현대 사회의 가장 두려운 무기는 핵 무력이다. 핵의 가공할 위력을 너무나 잘 알기에 핵을 보유한 국가 간 핵 확산 방지조약을 맺고 상호감시 체제를 가동했다.

현대 국가가 보유한 핵과 선사 인류가 소유한 불의 위험을 비교하면, 현재의 핵 보다 원시 인류의 불의 두려움이 더 컸을 것이다.

상호 존엄을 인정하여 불가침 협정을 맺을 수밖에 없었을 것이고, 상호 교류는 공동의 번영을 가져와 인류 공동체라는 개념을 싹 틔운 계기가 된다.

5-8 ▶ 불문율과 관습법의 시원

타족 연합 무리의 친족화 과정에서 공유 이타가 보편 이타로 발전하고, 친족 무리→타족 연합 무리→타족 연합 복합 무리로 그리고 진정한 사회성으로 발전하는 과정을 거치게 된다.

불을 얻어 존엄과 상호 존중, 불가침의 신뢰와 소통방책을 강구하게 된다. 이 과정에서 사회성→이타성→존엄성→신뢰확보를 위한 소통과 교류가 상호 안전을 보장하는 중요한 수단과 제도로서 정착하게 되었을 것이다.

상호 존중과 불가침 그리고 교류와 소통의 실행이 관습화, 관행화되면서 공존을 위한 지혜로 전수되게 되어, 불문율과 관습법의 형태와 제도로 발전하는 계기가 되었다.

5-9 ▶ 공유 방식은 친족 공유의 관행에서 전이

인권은 불을 얻고, 존엄을 서로 인정함으로 불가침의 권리로 정착되게 된다.

상호 존중이라는 신뢰의 뿌리인 이타성은, 집단 이기와 친족 공유에서 출발하여 타족 연합이 친족화되면서 공유 관행은 친족의 집단 이기의 공유에서 전이될 수밖에 없었다.

　타족의 친족화라는 무리의 형성도 처음이지만 친족 공유의 집단 이기성도 따로 학습한 바가 없었다. 다른 것은 한 번도 해본 선례가 없어서, 알고 있는 손쉬운 관행에서 옮겨 쓸 수밖에 없었다.

　친족 공유가 연합 공유로 전이되면서, 사회성→이타성→절대 인권으로 정착하는 기반을 제공했다.

6. 집적 Data는 생각으로 작동

6-1 ▶ 생존을 위한 본능적 자동검색

살아가기 위한 모든 행적은 Data 상태로 저장되고 집적된다.

살아 있는 개체는 위험을 피하는 방법을 선택한 행적으로 집적되어 있다. 생존에 위험이 우려되면 과거 축적 Data는 모두 피하는 방법이 선택되었기에 살아 있는 것이다.

그래서 위험 회피 방법은 자동검색 되어 제공된다.

설령 그것이 생존을 위협하지 않더라도, 선행 세대의 축적된 회피행적이 현세대에도 자동적으로 선택되고 실행된다.

이것이 구석기 뇌의 사각 지대에서 탈출이 필요한 인류의 함정일 수 있다.

6-2 ▶ 생명체의 본질은 생명 유지이다

생명체는 살아 있는 것이 그 본질이다. 그렇지 않으면 멸종하고 현재 살아 있지 못했을 것이다.

어떤 경우든 살 수 있는 방법을 선택하는 것이 생명의 본능이기 때문이다. 생명체는 살아남기 위해서 회피하고, 도전하고, 변이한다. 살아남을 수 있는 방법이라면 불가능도 선택하여 돌연변이를 가능케 한다.

이러한 진화를 통해 생명체를 계속 번성시켰다. 생명은 참으로 신묘하다 할 수 있다.

6-3 ▶ 생존과 무관한 Data는 확률 순으로 제공된다

생존과 관계되는 Data는 삶을 선택하도록 100% 자동 작동한다. 그러나 생존과 관계가 없는 Data는 확률 순으로 검색되고 제공된다.

별생각 없이 행동하면 고빈도의 행적 Data가 검색되고 제공되므로, 현상 환경과 관계없는 Data가 제공될 수도 있다.

그래서 잘못된 판단을 초래할 수 있고 이런 것 때문에 지속적으로 회귀성을 갖는 것으로 의심될 수 있다.

그래서 영원회귀라는 얼개를 벗어나기 어려운 것일까…?

6-4 ▶ 현재 여건에 부적합한 자료는 제공을 유예

집적된 Data에서, 현재 환경에 적합한 Data를 제공받을 수 있을까…?

저장된 Data의 행적 당시 환경과 기억제공 당시의 현상 환경이 서로 다르면, 빈도순으로 우선순위의 Data가 검색되어도 일부 또는 일시 제공이 유예될 수 있다.

이러한 미세한 유예나 제공지연을 잘 읽지 못하면 예상하지 못한 결과가 발생할 수 있다.

Data의 유형과 사례는 비슷하나 감정별 Data가 다를 수도 있어 이성적으로는 합당할 수 있는 것이지만, 감정별 분류의 차이로 수용되지 않을 수 있다.

6-5 ▶ 차 하위 확률 Data 검색은 생각 심도와 연계

모든 Data의 검색은 최상위 최고빈도 Data가 검색되어 제공된다.

차 하위의 행적 Data들은 순차적으로 선별저장되어있기 때문에, 생각을 깊게 하면 순차적으로 다음 빈도의 Data가 제공될 수 있다.

차 하위의 사례별, 유형별 축적 Data를 제공받고 싶으면 좀 더 넓은 현상 환경을 고려하고, 좀 더 깊은 사고를 동반하여야 바람직한 Data를 제공받을 수 있다.

6-6 ▶ 생각하지 않으면 희소 Data는 매몰된다

행적 Data는 당시의 현상 환경에 따라 극 희소 사례도 발생한다. 이러한 희소 행적 Data를 제공받고 싶으면, 상당한 심도의 고뇌가 필요하다.

충분한 수준의 심도로 생각하지 않으면, 차상위의 부적합 Data를 검색 제공할 수도 있다.

이렇게 검색되지 않고 오랜 기간 침잠되어 있는 Data는 극 희소 Data화되어 매몰될 수 있다.

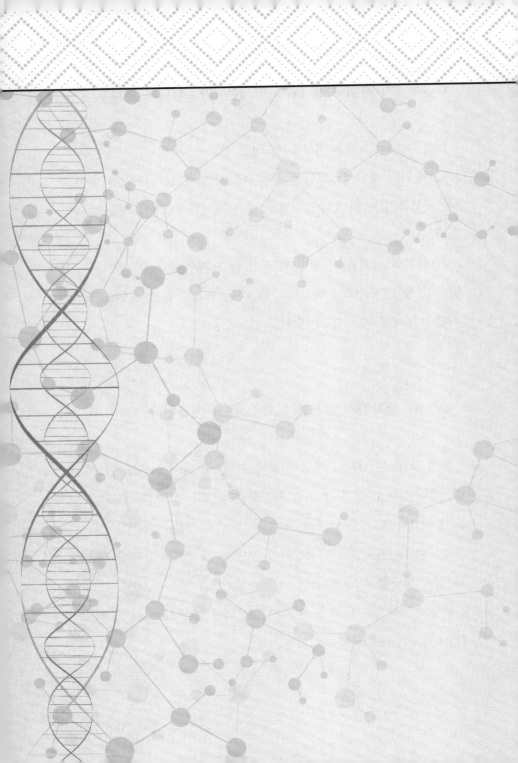

마음의
흐름

1. 선천적 마음과 후천적 마음

1-1 ▶ 선천적 마음은 태어날 때, 물려받은 마음

- 사람의 행적은 Data화되어 저장되고, 기억되고 또 전수
  된다.
- 선행 세대의 행적 Data로 전수된 것을 선천적 마음으로
  분류한다.
- 선행인류의 행적은 행동반경 또는 사고의 넓이에 따라 단
  순성을 띄는 경우가 많다.
- 불을 얻어 생각이 복잡해지고, 다양화하면서 행적도 복
  잡해졌다.
- 인류로서 다양하고 복잡한 생각에 의해, 행적 Data는 방
  대해지고 분산되게 되었다.

- 인류기 이후, 짧은 시간의 방대한 행적 Data는 빅 데이터
(Big Data)화가 진행되었다.
- 선 인류기의 행적은 단순하나, 오랜 기간에 걸쳐 중첩되어
행적 빈도가 높다.

1-2 ▶ 후천적 마음은, 태어난 후 행적 Data…?

- 현행 세대는 태어난 이후부터의 행적 Data가 저장되고 기
억될 것이다.
- 신생 유아의 경우 행적이 거의 없으므로 선천 Data도 잠
재화된다.
- 보고, 먹고, 만지고, 움직이면서 느낀 것과 선천 Data가
연동되면서 생각이 가능해진다.
- 사소하고 단순한 행적들이 Data화하면서 새로운 축적이
시작된다.
- 새로운 행적 Data가 선천 Data와 반응하면서 분별력이
생기고,
- 어른들의 행동제어 과정이 학습되면서 분별된 사고와 행
적이 발생한다.

- 이렇게 느끼고, 분별하고, 행동한 것들이 Data로 축적되면서 성장한다.

1-3 ▶ 기억된 Data와 저장된 Data…!

- 후천적 마음은, 현세대의 행적 Data로 새롭게 저장된다.
- 선천적 마음은, 유전정보로 전수된 Data로 생각에 의해 기억되고 제공된다.
- 현행 세대의 저장 Data와 선행 세대의 기억 Data는 별개로 작동한다.
- 선천 Data는 기억되어 있는 것이고, 현행 세대의 검색으로 제공된다.
- 현세대의 행적 Data는 활성 공간에 따로 저장되어 재분류가 가능하다.

1-4 ▶ 저장 Data가 우선 작동한다.

- 현행 세대가 성장하고 스스로 생각할 수 있어지면, 생각에

의해 저장 Data와 기억 Data가 검색될 것이고 이때 현세대의 저장 Data가 우선 제공된다.

- 현세대의 행적은 활성 공간에 Data로 집적되므로, 비활성의 기억 Data와는 검색의 난이도와 신속성, 수월성에서 차이가 있을 수 있다.
- 상당한 숙고가 없으면 저장 Data가 반복되거나 기억 Data의 최고빈도 행적이 검색 제공된다.
- 현세대의 이미 행동한 Data가 우선 작동되어 선천 Data가 침잠될 수 있다.

1-5 ▶ 선천적 마음의 구분

- 선천 Data와 후천 Data의 구분은, 기억 Data와 저장 Data로 단순 분류할 수가 있다.
- 선천 Data 중 인류기의 Data와 선 인류기의 Data도 구분이 필요하다.
- 인류기 이후의 선천 Data를 인성이라고 한다면…,
- 선 인류기의 선천 Data를 본성이라고 구분할 필요가 발생한다.

- 그리고 이들을 현행 세대의 행적 Data와 구분할 필요도 발생하게 된다.
- 선천 Data, 즉 인성과 본성을 천성이라고 구분한다면 현생 세대의 저장 Data에 의한 마음의 발로를 심성이라고 구분할 수 있다.

1-6 ▶ 후천적 마음은 진행형이다

- 현행 세대의 행적 Data는 활성 공간에 저장되어, 지속적으로 변화가 가능하다.
- 후천 마음은 진행형이어서, Data의 축적 사례별 빈도에 따라 변화할 수 있다.
- 저장된 활성 Data에 의해 또는 기억된 선천 Data에 의해 (행적은) 새로운 형태의 행적을 낳을 수 있다.
- 선천 Data와 활성 Data의 반응 비에 따라, 지혜로워질 수도, 단순 명료해질 수도, 합리적 혼합형이 될 수도 있다.
- 당시의 생각을 주도하는 마음에 따라 변할 수도 있다.
- 그래서 후천 Data는 진행형으로 활성화되어 있다.

1-7 ▶ 선사 선천 마음은 어디서…?

- 현세대의 후천 마음은 진행형으로 변화할 수 있어 활성이다.
- 선사 선천 마음은 생각으로 기억을 일깨워야 작동하는 비활성이다.
- 선천 마음은 어떤 환경에서 축적되었을까…?
- 수 세기 또는 10여 세대는, 현존 환경과 비슷한 환경에서 축적되었을 것이다.
- 수십 세기 또는 100여 세대는, 고대환경에서 집적되었을 것이고
- 선사 행적 Data는 원시~구석기 환경에서 비롯되었을 것

이기 때문에

- 선천 마음의 행적 Data는 선사 환경의 영향이 심대했을
  것이다.
- 선천 마음의 움직임은 선사 환경과 연계하여 고려할 필요
  가 있다.

1-8 ▶ 숲은 선사 인류의 터전이었다

- 선사 환경이 선천 마음에 영향을 주었다면, 선사 인류의
  생활터전은 어디였을까…?
- 환경이 생각과 행적에 끼친 영향은 상당했을 것이다.
- 우리 마음의 흐름에서 현행 현상 환경과 다른 점을 느끼
  면, 선사 환경을 유추해 봄도 좋은 참조가 될 것이다.
- 선 인류기~선 인원기의 생활터전은 열대우림과 초원의 정
  글 위, 임상(林上/숲 위) 생활이었을 것이다.
- 우리의 마음속에 숲의 향수가 짙게 깔려 있다는 것을, 숲
  에 가면 감지할 수 있다.
- 앨런 랭거(Ellen Langer) 교수의 '시간 되돌리기(Coun-
  terclockwise) 연구'를 음미해 보자.

1-9 ▶ 환경이 생각과 행동에 끼친 영향

- 선사 환경은 숲이었고, 의식주 걱정이 없는 낙원이었을
  수 있다.
- 숲 환경은 녹색의 안정되고 평화로운 환경으로 어제가 오
  늘 같은 변함없는 안정이 유지되는…?
- 그래서 행복이 나태함으로 착각될 수 있는 환경이었다.
- 이런 환경에서 어떤 생각과 어떤 삶을 살았을까…?
- 선사 환경에서의 행적 Data가 우리의 마음을 움직이고
  있다.
- 선사 환경과 유사한 환경에 두면 향수의 치유와 함께 평안

이 확보되어, 행복감과 안정감을 느끼게 될 것이다.

- 이러한 행복감과 안정감이 생체 DNA를 활성화 시키고 몸과 마음의 최적화를 유도할 수 있다.

- 생체적 최적화는 면역체계를 자극하게 되고, 면역기능의 회복에 영향을 주게 될 것이다.

- 몸과 마음의 최적화를 유도하여 일상의 활력을 회복하자!

2. 후천적 마음의 형성

2-1 ▶ 진행형 마음의 흐름과 변화

- 선천적 마음은 이미 전수되어 우리의 뇌 속에 저장되어, 변화가 없다.
- 후천 마음은 진행형이어서 흐름에 따라 변화가 생긴다.
- 합리적 행적을 쌓거나 선의의 행적을 쌓으면, 이성적이고 선행적이 될 수 있다.
- 그러나 비합리적이고 불의의 행적을 쌓으면, 이기적이고

악의적이 될 수도 있다.

– 현세를 사는 행적 Data는 현 행적 마음의 움직임에 의해
결정될 수밖에 없다.

– 현 행적 Data에 반영되는 마음은 아무도 모르는 혼자만
의 영역이기 때문이다.

– 현재의 행동을 어떻게 통제하고 실행하느냐가 나를 낳을
수 있고, 나를 정의할 수 있다.

– 나를 누구로 만들고 싶은가…?

2-2 ▶ 안내기→형성기→적응기→변화기→정립기

– 후천적 마음의 진행성은 어떻게 흐르고 변화할까…?

– 유아기는 부모의 안내대로 행적 Data가 쌓일 수밖에 없
어, 타아적 주관화 과정을 거치게 된다.

- 소아기는 선천 Data와 유아안내 행적 Data가 복합적으로 작용하면서 형성기를 거치게 되고, 자아적 주관화 과정에 접어들게 된다.
- 소년기에 들어서면 형성 Data와 선천 Data 그리고 학교 동료들의 영향으로 적응기에 들어서고, 사회적 객관화 과정이 진행된다.
- 청년기는 적응 Data와 선천 Data에 의해 자신의 생각에 따른 행적 Data로 변화하여, 적극적 객관화 과정이 진행된다.
- 장년기가 되면, 안내-형성-적응-변화기를 거쳐 자신만의 행적 Data가 정립되게 되고, 사회적 주관화를 이끌게 된다.

〈내적 가치와 외적 행동의 구분〉

형성 구분	내적/가치	성장 구분	외적/행동	비 고
안내기	타아적 주관화	유아기	절대 의존기	
형성기	자아적 주관화	소아기	상대 의존기	
적응기	사회적 객관화	소년기	상대 자립기	
변화기	적극적 객관화	청년기	절대 자립기	
정립기	사회적 주관화	장년기	가치 정립기	

2-3) 생활사적 상대적 구분

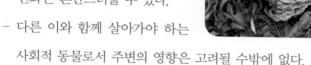

- 후천 마음은 진행형이어서 행적
  Data가 계속 변할 수가 있다.
- 현행 세대를 살면서 너무 많은
  변화는 혼란스러울 수 있다.
- 다른 이와 함께 살아가야 하는
  사회적 동물로서 주변의 영향은 고려될 수밖에 없다.
- 나의 행동에 의해 외부적으로 어떤 영향이 생기고, 어떻게
  보여질까…?
- 사회적 객관화를 거쳐 적극적 객관화가 진행되면, 행동은
  실제 마음과 사뭇 달라질 수도 있다.
- 주변을 배려해야 하고 같이 살아가야 하기 때문이다.
- 외적 요소의 변화과정에 따른 생활사적 행동은 왜곡될 수
  도 있어, 상당한 심리적 영향을 줄 수도 있다.
- 남들과 함께하면서 배려하고, 의지하고, 도움을 주고받으
  면서 살 것이기 때문에 행적 Data는 유연화되면서 수용성
  이 넓어질 수 있다.

2-4 ▶ 절대 의존기와 상대 의존기

- 내적 심리적 변화과정에서 안내기에 해당하는 절대 의존기에는 생존을 위한 모든 행적이 통제되고 부모에게 의존하게 된다.
- 부모나 다른 어른이 없으면 어떠한 삶도 영위할 수가 없다.
- 생존을 절대 의존하므로 행적도 부모의 통제에 100% 안내될 수밖에 없다.
- 소아기에 들어서면 작은 행적은 스스로 생존을 위해 가능해지지만, 의식주의 외적 생존을 위한 사항은 의존이 불가피하다.
- 이런 시기를 상대 의존기라 하며, 생명 유지 움직임은 자율 가능하나, 의식주 공급은 의존할 수밖에 없다.

2-5 ▶ 상대적 자립기와 절대적 자립기

- 소년기에 들어서면 자신의 일은 스스로 할 수 있어지고, 필요에 따라 일부 의식주 활동도 가능해질 수 있어 이 시기를 상대적 자립기라 한다.

- 청년기에 들어서면 생명 유지 활
  동과 의식주 활동도 모두 독립
  하는 절대적 자립기에 들어선다.
- 절대 자립이 안 되면 남에게 예
  속되게 되고, 심리적 혼란이 생
  길 수 있다.
- 생존의 절대적 자립이 불가능하면, 인격적 자립이 어려워
  져서 자존에 문제가 발생한다.
- 자존이 불가능하면, 자기 정체성 정립이 불가능해져 자긍
  심에 상처가 생길 수 있다.
- 절대 자립은 자아정체성 정립의 기초가 되어 인격을 형성
  하는 기반을 완성하게 된다.

2-6 ▶ 공존을 위한 Data의 축적과정

- 생존을 위한 Data는 선천 마음과 부모를 보면서 학습
  된다.
- 부모의 행적 학습도 가족의 생존을 위한 행적 Data가 대
  부분인 것이 일반적이다.

- 선천 Data도 대부분 생존과정의 Data가 주류이고, 선행 세대의 학습 Data도 생존을 위한 활동이 많다.
- 그렇다면 공존을 위한 Data는 어디서 얻을 것인가?
- 선행 세대의 행적이 공존을 위한 Data에 상당할 경우는 학습이 가능하지만…,
- 자녀 양육에 바쁜 세대에서 공존의 행적을 얻기는 많이 부족할 수 있다.
- 여기서 공존 Data의 기계적 결핍이 발생할 수 있다.

2-7 ▶ 공존을 위한 선천 Data의 절대 부족

- 공존을 위한 선천 Data가 절대 부족한데, 어떻게 사회 속에서 공존할 수 있을까…?
- 공존 Data는 사회나 학교에서 배울 수밖에 없다.
- 훌륭한 이들의 행적에서 또는 좋은 스승이나 선배들에게서 학습하거나
- 선인들의 훌륭한 행적을 기록한 고전이나 책자에서 스스로 얻어야 한다.
- 학습한 것이 가장 습득이 쉬우나, 책자나 언어로 교육된

지혜는 지나면 잊을 수밖에 없고 그러면 공존의 지혜는 부족해질 수 있다.

- 현행 세대의 공존 Data 절대 부족이 사회적 갈등과 모순을 유발할 수 있다.

- 선행 세대의 행적을 보고 학습할 수 있도록, 선행 세대의 노력과 배려가 필요하다.

2-8 ▶ 결핍 Data는 현상 환경에서 보완

- 공존을 위한 선행 Data가 선천 마음에서는 절대 부족할 수 있다.

- 그렇다면 현행 현상 환경에서 보완할 수밖에 없을 것이다.

- 많은 사람이 같이 사는 세상에서 공존에 기여하는 많은
  이들을 보고, 듣고 생각하면서 부족한 공존의 Data를 보
  충하는 노력이 필요하다.

- 어차피 같이 살아야 하는 사회구성원이기 때문에 서로 조
  금씩 배려할 수밖에 없다.

- 사회적 가치가 공존보다 생존에 비중이 있으면, 학습기회
  가 줄어들어 보수적 관행화가 가능해질 수도 있다.

- 이런 환경에서는 공존의 지혜 실현은 오히려 이상하게 보
  여질 수도 있다.

2-9 ▶ 공존 Data 부족이 고뇌하게 한다

- 공존을 위한 지혜의 부족은 삶을 고뇌하게 할 수밖에 없다.

- 생존에 비중을 두면, 공존가치에 빈자리가 생기고

- 공존을 우선하면, 생존이 어려워질 수 있기 때문이다.

- 결국, 합리적이고 누구나 수용할 수 있는 공존의 지혜는

부족이 불가피하게 된다.

- 이런 것들이 절대 자립기를 지나, 가치 정립기에 들어선 장
  년의 고뇌를 가중시킬 수 있다.
- 이 문제의 균형점을 제시해 주는 현명한 선인이 있다면 따
  르면 될까…?

2-10 ▶ 지난 삶을 되돌아보게 하는 외로움

- 절대 자립기를 지나 삶의 가치
  정립기에 들어서면, 마음속에 그
  많던 선천 Data도 소용이 없어
  질 수 있다.

- 왜냐하면, 선천 Data는 유전
  정보로 전수되므로 생식 가능기 이후, 즉 장년기 이후의
  정보는 Data로 전달될 수 없기 때문이다.
- 그러면 현세대를 사는 많은 동년배나 선배를 보고 취합할
  수밖에 없다.
- 장년기 이후가 되면 선천 Data는 극히 일부뿐이어서, 수
  많은 현생의 또 다른 나와, 소통할 수 없는 다른 많은 나

와, 마음속의 외로운 나를 어떻게 할까…?

- 자신의 기준을 버리고 세상의 다양성을 수용하여 그들의
기준으로 세상을 보라, 그리고 나를 보라…!

2-11 ▶ 자아의 정립

- 삶의 가치를 정립하는 장년기에 들어서면 많은 객체 중에
나 홀로 버텨야 한다.
- 그래서 나름의 반듯한 자아의 형성과, 가치의 정립은 필요
해진다.

- 자아정립이 되지 않으면 삶의 중심이 없어지고, 외롭고, 흔들리고, 삶이 고단해질 수 있다.
- 후회하지 않는 삶, 풍요로운 삶을 원한다면 부족하나마 자신만의 삶의 가치를 소중히 지킬 수 있어야 하고
- 그래야 외롭지 않고, 죽음이 두렵지 않을 수 있을 것이다.

3. 진행형 마음의 중첩과 증폭

3-1 ▶ 후천적 마음의 형성은 진행형이다

- 후천 마음은 태어난 후의 행적 Data로 형성되고 집적되며 충적된다.
- 후천 마음은 지각이 확장되면서 자신만의 행적으로 축적된다.
- 후천 마음은 선천 Data와 부모의 안내, 현상요소의 판단과 저장 Data가 상호 작용하여 형성되기 때문에
- 합리적 판단력으로 쌓일 때까지 구조화되지 않고, 지속적으로 변할 수 있다.
- 그래서 후천 Data의 축적과정은 진행형이다.

- 후속 행적 Data에 따라 빈도가 달라지므로 상당한 변화
  가 가능하다.

3-2 ▶ 진행형 행적 Data는 활성이다

- 현생을 사는 진행형 Data는 느낌과 판단기준, 환경에 따
  라 계속 변이할 수 있다.
- 선천 Data와 후천 Data가 검색되고 제공되어도, 현상의
  판단과 실행은 달라질 수가 있다.
- 언제나 현상 환경은 다르고 변화될 수 있어 행적 Data도
  가변성이다.
- 선천 Data와 후천 Data의 빈도와 확률, 우선순위에도 현
  상요소의 느낌, 판단과 반응요소에 따라 다른 행적이 나
  올 수 있어 활성이다.
- 활성 Data는 폭넓게 흐트러질 수 있어 경향성이 없을 수
  있다.

3-3 ▶ 활성 Data는 생각 없이도 작동한다

- 선천 Data와 후천 Data에서 가장 빈도가 높은 행적은 자동 작동한다.
- 진행형 Data는 활성으로, 생각 없이도 작동할 수 있다.
- 선천 행적 Data 또는 후천 저장 Data보다 현재 진행 중인 행적이 우선할 수 있다.
- 행적 Data의 축적과정과 현재 활동이 중첩될 수 있어 어떤 Data보다 활성의 진행형 Data가 우선될 수 있다.
- 당시의, 그 시점의 행적 당사자의 판단이 우선된다는 것이다.

3-4 ▶ 활성 Data의 반복중첩은 준 자동검색이다

- 활성 Data의 반복은 진행형이어서 자동중첩이 가능하다.
- 진행형이고 활성이면서, 중첩(습관화)되어 있는 Data는 준 자동으로 선택된다.
- 행적 Data의 100% 빈도 또는 생존과 관계되는 것은 자동검색이다.

- 그러나 진행→활성→중첩 Data는 별다른 생각 없이 제공 되므로, 준 자동이다.
- 진행형 Data는 중첩되기 쉽고 중첩되면 자동검색 될 수 있다.
- 이런 과정이 습관화로 투영될 수 있고 고쳐지기 어려울 수 있다.

3-5 ▶ 후천 Data는 선천 Data와 중첩 증폭한다

- 후천 Data는 진행형이고 활성이므로 반복되면 습관성이 되어 증폭한다.
- 선천 Data는 후천 Data와 중첩되어 활성화에 기여할 수 있다.
- 선천 Data가 활성 Data와 중첩되면 진행성으로 더욱 증 폭될 수 있다.
- 중첩행적이 활성 행적과 상호작용으로 증폭되면, 습관화 가 용이해진다.
- 그래서 좋은 행적과 나쁜 행적의 중첩과 증폭에 관심과 고려가 필요하다.
- 어떤 행적을 반복하고 중첩되도록 할까가 중요해진다…!

3-6 ▶ 선천 Data의 확률보다, 활성 Data가 우선!

- 유사한 행적 Data라면 선천 Data보다 후천 Data가 우선 된다.
- 후천 Data의 빈도보다 선천 Data의 빈도가 높더라도 진행형이 쉽게 제공될 수 있다.
- 후천 Data는 희소 빈도라도 진행형으로 중첩 증폭을 통해, 우선될 수 있다.
- 진행 Data(후천 빈도 0%)가 선천 Data와 중첩되어 증폭되면 활성화가 가능해진다.
- 높은 빈도의 비활성 선천 Data 보다 낮은 빈도의 활성 Data의 선택이 가능하다.
- 심성의 객관화가 바른 판단력의 주요 기준이 될 수 있다.

3-7 ▶ 진행형 마음의 선택 증폭이 심성을 제어

- 바람직한 고빈도의 선천 Data 보다 상반되는 후천 행적의 중첩과 증폭으로 교란될 수 있다.
- 활성 Data가 선천 Data와 중첩되고 진행형으로 증폭되

면, 검색기능에 혼란이 올 수 있다.

- 현행 세대의 행적 Data는 활성화되어 진행형이므로 습관
  화가 용이하다.

- 진행형 활성 Data가 습관화 관행화되면서, 심성의 경향화
  를 유도할 수 있다.

- 선행 세대의 행적 Data 빈도가 아무리 높더라도, 관행화
  되어 경향화되면 진행형 마음이 활성 Data를 통제하게 되
  고 현 행적을 제어하여 심성을 유도할 수 있어진다.

3-8 ▶ 활성 Data의 중첩과 증폭이 변화를 유도

- 결국, 아무리 좋은 선행 Data가 있고 그 빈도가 높더라도,
  현행 세대의 행적 Data가 우선되어 활성화되면 교란과 변
  화는 불가피해진다.

- 이러한 활성 Data의 중첩이 진행형으로 증폭되면 행적의
  경향화를 유도할 수 있어진다.

- 후천 행적 Data의 경향화가 변화를 유도하여 새로운 행적
  Data로 축적되면

- 다음 세대에서 이것이 '택성'되어 증폭할 경우 변이를 거쳐

진화를 가능하게 한다.

3-9 ▶ 영원하거나 고정된 것은 없다

- 생존과 관계되는 행적 Data가 아니면 현행 행적 Data가
  우선된다.
- 현행 행적은 진행형으로 중첩되면, 활성화 되고…,
- 활성 Data가 선천 Data와 중첩 증폭되면 새로운 경향성
  을 나타낼 수 있다.
- 세대를 걸쳐 이런 과정이 중첩되면, 경향성은 변이 과정을
  거쳐 새로운 심성으로 진화할 수 있다.
- 어떠한 행적도 고정되거나 영원할 수는 없고, 지속적으로
  변이한다.

3-10 ▶ 진행형은 언제나 바뀔 수 있다

- 활성화되어 있고, 진행형으로 경향화가 뚜렷해지고…,
- 이런 행적 Data가 반복되면 선천 Data와 중첩되게 되

고…,

- 그러면 진행형으로 더욱 증폭되면서…,

- 작은 활성화 행적이 완연한 새로운 변이를 낳을 수 있다.

- 그리고 진행형이란 언제나 바뀔 수 있음을 뜻한다.

- 이러한 경향성은 더욱 확대 증폭이 가능해, 완전한 새로
  운 심성체계를 형성할 수 있다.

4. 생각과 숙고의 검색 결과

4-1 ▶ 비 본능적인 것은 생각해야 검색된다!

- 우리 마음속에 내재되어 있는 선천 Data는, 생존과 관계
  되는 본능적인 것과
- 생존과 직접 관련이 없는 비 본능적인 것으로 대별할 수
  있다.
- 생존과 관계되는 Data는 본능적으로 자동검색 체계를 갖
  추고 있다.
- 비 본능적인 것은, 즉 확률 순위가 차 하위인 Data는 어
  떻게 검색될까…?
- 생각하지 않으면 비 본능적이고 비 활성적인 Data는 제공

되지 않는다.

- 생존과 직접 관련이 없는 Data를 찾고 싶으면,

- 유형과 사례를 구분하여 좀 더 깊은 사고를 요구한다.

- 생각의 깊이가 희소 Data에 접근을 용이하게 할 수 있다.

4-2 ▶ 생각이 깊을수록 희소 Data가 검색된다!

- 일상적 사례가 없는 유형의 행적을 선천 Data에서 찾으려
  면 숙고가 필요하다.

- 생각의 지속시간과 빈도의 다소에 따라 포괄적·사례별 또
  는 광범위한 유형별 Data를 제공하므로, 효용성에 한계가
  있다.

- 보다 세밀하고 적용 가능한 Data를 찾고 싶다면, 좀 더 깊
  은 생각과 좀 더 많은 빈도로 생각을 지속하면…

- 사례별, 유형별, 빈도순, 확률 순으로 차 하위 Data가 제
  공될 수 있다.

4-3 ▶ 숙고는 극 희소성 Data도 검색한다

- 숙고는 차 하위의 희소 Data도 검색 제공이 가능하다.
- 그러나 제공된 Data가 현상 환경에 부족한 것이라면,
- 좀 더 숙고하여 차 차 하위의 극 희소 Data를 제공받을 필요가 있다.
- 더욱 깊은 숙고로 제공받은 Data는 극 희소 Data로, 집적과정의 현상 환경과 현생 환경의 현상과 다를 수 있다.
- 현상 환경 요소가 다르면 제공이 유예될 수 있고, 또 검색되어도 적용에 상당한 응용이 필요해 또 다른 숙고를 요구할 수 있다.

4-4 ▶ 희소 Data는 확률이 무의미하다

- 희소 Data는 세대별, 시간대별 동일 유형 사례도 다를 수 있다.
- 극 희소 Data는 수세대에 한번 또는 수 세기별 1회의 Data라면 현상 환경에 적용할 수 없는 유형일 수 있어,
- 그 Data의 빈도 확률은 의미가 없고 각각의 일회성 Data

로 분석할 필요가 있다.

- 이런 Data는 어느 것이 더 확률이 높고 낮음의 의미는, 불필요하다고 봐야 한다.
- 이런 유형 Data의 선별은 매우 깊은 고뇌를 불러와 깊은 번뇌에 들게 할 수 있다.

4-5 ▶ 장고의 피로가 선택을 교란할 수 있다

- 희소 Data의 검색은 고뇌할수록 더욱 깊고 복잡한 번뇌를 동반한다.
- 숙고의 깊이와 지속시간에 따라 장시간의 피로로 축적될 수 있고,
- 이런 장고의 피로가 희소 Data의 선택을 교란할 수 있다.
- 일회성 Data, 즉 극 희소성 Data는 모두 확률이 무의미하다 할 수 있다.
- 각각의 특성을 갖고 있고, 그 특성은 당시의 현상 환경에 지배받기 때문이다.
- 현재의 현상 환경과 어떤 것이 유사할까…?
- 누구도 장담할 수 없는 상태로 진입할 수 있다.

4-6 ▶ 번뇌의 장고는 휴식이 필요하다

- 매우 중요하고 극 희소성의 사례라면 너무 깊은 몰두에 정신이 황폐화될 수 있다.
- 그렇다면, 의미 없는 확률의 Data에 매달릴 필요가 없다 할 수 있다.
- 동일한 무게의 확률 빈도치로, 다수의 Data가 제공되었다면⋯,
- 판단력의 전문성과 객관성이 이를 보완해 줄 수도 있을 것이다.
- 번뇌의 장고에서 지금의 선택에 시급성이 없다면, 잠시 유예하거나 한발 물러서 관조할 필요가 있다.
- 그러면 새로운 유형과 사례별로 구분되어질 수 있음도 고려해야 한다.
- 건전한 휴식은 삶의 활력을 제공할 수 있다.
- "장고 끝에 악수"라는 바둑의 속담을 참고하자.

4-7 ▶ 자연회복과 명상은 빛이 될 수 있다

- 장고의 번뇌에 따른 휴식은 가장 효율적이면 더욱 좋을
  것이다.
- 일상의 여유와 취미활동, 도락과 운동도 좋을 것이다.
- 가장 효율적인 회복은 어떤 것이 있고 좋을까…?
- 어떤 것도 의도하지 않은 자연스러운 회복이 좋을 것임은
  누구나 알고 있다.
- 그러나 시간이 허용하지 않으면, 허용된 환경 안에서 명상
  도 도움이 될 수 있다.
- 인류의 행적 Data 충적 환경은 풍요로운 자연, 바로 숲이
  었을 것이다.

- 이러한 선사 환경에서 향수를 치유하고 숲과 자연을 즐기면 최상의 회복일 수 있다.
- 거기에, 숲 속의 명상이면 어떨까…?

4-8 ▶ 정신적, 생체적 효율은 최적화되어 있다

- 인류가 만물의 으뜸으로 지상을 전횡할 수 있는 것은 생체적, 정신적 자원과 에너지의 활용이 최적화, 효율화되어 있었기 때문일 것이다.
- 자연이 허용한 환경 안에서 생체적 효율성과 정신적 최적화는 어떤 것일까…?
- 오랜 기간 습관화된 선사 환경이 향수를 자극하여 효율의 극대화를 지원할 수 있을 것이다.
- 인류 진화사의 가장 오랜기간 익숙해 있고, 습관화된 환경의 제공은 무엇일까…?
- 그것이 정신적 생체적 효율을 최적화하는 데 도움이 될 것이다.

4-9 ▶ 피로의 축적은 몸과 마음을 황폐화시킨다

- 정신적 생체적 효율의 최적화는 몸과 마음의 상호 교류와 연계를 의미한다.
- 고된 노동과 질병, 육체적·정신적 스트레스, 깊은 고심과 번뇌, 혼란 등 이런 것들은, 몸은 마음을, 마음은 몸을 서로 자극하면서 상승 반응하게 된다.
- 어느 쪽도 너무 치우침은 최적화 효율을 저해하여 피로축적과 정신의 공동화를 확대할 것이다.
- 그래서 몸과 마음의 적당한 최적화 상태를 유지하기 위한 노력도 매우 중요하다.
- 몸과 마음의 효율이 최적화되어 있지 않으면 향수의 본향인 선사 환경에서 자연회복이 최선일 수 있다.

5. 지혜의 전수

5-1 ▶ 생존을 위한 지혜와 공존을 위한 지혜

- 생명체의 본질은 생명 유지에 있다. 어떤 경우든 삶을 포기할 수는 없다.
- 생명은 개체의 생존이고 친족 무리의 생존 존립의 기초를 제공한다.
- 친족 무리의 공존은 개체생존을 위한 최소한의 공유적, 이타적 보완이다.
- 공존을 위한 지혜는 진정한 사회성을 바탕으로 보편 이타와 보편공유를 실현하는 것이다.
- 친족 무리의 공존개념은, 모성 이타에서 공유 이타로 수용

되고, 용인되지만…,

- 사회적 공존개념은 친족 공유를 훼손하고 초월할 수 있어 지혜가 필요하다.
- 공존을 위한 지혜는 사회적 합의에 의한 합리성이 보장될 때 가능해진다.

5-2 ▶ 생존을 위한 지혜는 마음에 있다

- 개체 생명의 유지를 위한 생존의 지혜는 생명의 지속성 확보에 있다.
- 모든 생명체는 현생까지 생존의 지혜를 잘 전수하고, 유지했기에 현존한다.
- 선행 세대의 모든 행적 Data가 생존을 위한 지혜의 합성체이다.
- 생존을 위한 지혜는 선천 Data에 포함되어 있고 본능적으로 자동 제공된다.
- 선천적 마음의 흐름을 따르면 생존의 지혜는 실행될 수 있다.
- 따라서, 솔직한 마음의 흐름을 선택하는 것이 생존을 위

해서는 지혜로울 수 있다.

5-3 ▶ 공존을 위한 지혜는 배워야 한다

- 그러면, 공존을 위한 지혜는 어떻게 될까? 선천 Data에 포함되어 있을까…?
- 선천 Data는 일부 공존의 지혜는 포함되어 있으나, 생식 가능기 이전의 공존 Data에 국한될 수밖에 없다.
- 생식 가능기 이후의 공존 Data는 어떻게? 즉, 장년기 이후의 경륜은 어떻게 될까?
- 진정한 사회성을 위한 공존은 생식 가능기 이후, 장·노년의 지혜가 중요할 것이다.
- 그들은 생존보다는 공존에 삶의 무게가 더해지기 때문일 것이다.
- 사회성에 바탕을 둔 공존의 지혜는 이들 경륜세대로부터 배워야 한다.
- 당장 부딪치는 생존의 지혜와 일부 충돌될 수 있어 합리적 고려도 필요해진다.
- 경륜세대의 공존의 지혜도 자손에게는 생존을, 타인에게는 공존을 요구할 수도 있어 고려가 필요할 수 있다.

5-4 ▶ 배워서 아는 것은 실행해야 보인다

- 사회적 이타성과 이타적 공유를 포함하는 공존의 지혜는 배워야 한다.
- 생존을 위한 지혜는 삶의 지속성으로 자연실행이 가능하다.
- 공존의 지혜는 배워야 알 수 있고, 배운 것을 실행할 때 효과성이 있다.
- 아무리 많은 공존의 지혜를 알고 있어도 행적으로 보여야 인정된다.
- 공존의 지혜는 실행하여 행적으로 Data화할 때 보여지고 보고 배울 수 있다.
- 남에게 보여져서 배울 수 있는 지혜는 Data화되고, 기억되고, 전수가 가능해진다.
- 실행되지 않은 공존의 지혜는 허상이다.

5-5 ▶ 보이지 않는 것은 비활성이다

- 수많은 선행 세대의 장·노년기 행적 Data가 공존의 지혜

로 전수(언어와 문자로)되더라도…,

- 보고 배워서 실행하지 않으면 비활성으로 진행형이 될
  수 없다.
- 아무리 훌륭한 행적 Data라도 선택되어 실행되지 않으면
  매몰될 수 있다.
- 매몰된 Data는 비활성으로, 없는 것과 같을 수 있다.
- 비활성의 선천 Data와 문자와 언어로 배운 후천 Data는,
  행적으로 실현될 때 진행형으로 보여져서 또 다른 배움을
  유도할 수 있다.

5-6 ▶ 공존을 위한 지혜는 전통과 문화로…!

- 공동체의 합리적 유지를 위해 공존을 위한 필수 Data는
  고유화된다.
- 각 공동체별 고유화된 공존의 지혜는 전수되어 전통으로
  지속되고 있다.
- 공존을 위한 지혜가 고유화되어 전통으로 지속 전수될
  때, 문화에 견주어지고
- 지속전통 가능한 지혜는 공동체의 전통문화라는 형태를

띠게 된다.

- 그래서 각 공동체에 전통문화가 없으면, 공존의 지혜는 취약해지고

- 생존을 위해 선택한 공존의 당연성과 절박성이 없어지면, 생존으로 회귀하게 되어

- 영역 다툼을 초래하는 친족 무리의 배타적 '집단 이기성'으로 회귀할 수 있다.

5-7 ▶ 문화는 활자에 의해 획기적으로 발전!

- 오랜 기간 지속 가능하고 유익하여 합리성이 인정된 지혜는 문화화를 진행한다.

- 공존을 위한 꼭 필요한 지혜는 문화의 형식과 제도의 형식으로 정착된다.

- 이들 지혜는 지속성 유지와 변질 제한을 위해 활자화되어 문자로 각인 보존된다.

- 공존을 위한 지혜와 문화가 문자화되어 집대성되면, 존속과 유지에 획기적인 기여가 가능해지고,

- 더욱 발전되어, 더욱 유익한 지혜로 진화하게 될 것이다.

- 이것이 인류 문명의 기초를 제공하는 것이다.

6. 사람과 동물의 구분 Ⅱ

6-1 ▶ 언어와 문자로 지혜의 전수가 용이!

- 사람과 동물의 구분은 선 인류기에서 상상력과 역발상이
  동인을 제공했다.
- 상상력과 역발상으로 친족 무리 집단에서 타족 개체 무리
  를 수용하고,
- 많은 다양성을 포용·융합함으로써 새로운 역발상의 내적
  창발성을 일깨워,
- 위험한 도전을 가능하게 하여 불을 얻음으로 인류로 진
  화했다.
- 불을 얻음으로 내적 창발성이 극대화되고, 지적 빅뱅을

가져왔다.

- 그리고 폭넓은 표현을 수용할 수 있는 언어로 더욱 발전을
  이루었고,

- 문자라는 시간과 공간의 제약을 벗어난, 지혜로운 산물을
  얻어…

- 시간의 제한성과 공간의 한계성을 뛰어넘음으로써, 지혜
  의 전수는 전천후화되어 영구화될 수 있었다.

6-2 ▶ 사람은 지혜의 전수방법을 찾았다

- 사람은 다른 동물과 다르게 상상력과 역발상으로 지적 빅
  뱅을 거쳐

- 언어에 의한 이야기와 노래로, 공존의 지혜를 이어받고

- 문자라는 형태로 제한성 없는 지혜의 전수가 가능해져

- 사람과 동물과의 간극을 불가역적으로 확대시켰다.

- 이것은 생존을 위해 공존을 선택한 역발상에서 시작되었고,

- 이것은 우연이면서, 필연적으로 선택된 것이다.

- 이러한 것들을 수용할 상상력이 없었다면 가능했을까…?

6-3 ▶ 공존의 지혜는 문자로 전수되고 있다

- 현대는 공존을 위한 지혜가 활자화되어 홍수처럼 쏟아지고 있다.
- 이 많은 지혜들이 상호작용하면서 융·복합하여 새로운 역발상을 낳고,
- 새로운 상상력으로 작용하면서 가공할 위력으로 다가오고 있다.
- 인류가 문자라는 형식의 가공물을 얻지 못했다면, 생체적 유전정보인 DNA와 게놈지도(유전자지도)를 상상할 수 있었을까…?
- 그리고, 만능줄기세포와 유전자가위라는 생체정보의 편집을 생각할 수 있었을까…?
- 산업혁명기 새로운 역발상인 도구의 지능화가 가능했을까…?
- 그리고 또 하나의 공포로 인식되는 인공지능의 한계는 어떻게 이해해야 할까…?

6-4 ▶ 동물의 지혜 전수는 보고 배우는 것이다

- 인류를 제외한 모든 동물의 지혜 전수 방법은 보고 배우
  는 학습밖에 없다.
- 부모와 선행 세대의 생존을 위한 지혜와, 공존을 위한 지혜
  를 오랜 기간 삶을 함께하면서 습득할 수밖에 없을 것이다.
- 보고 배우는 기간은 동물별 수명과 관계될 수밖에 없고,
- 천재지변이나 포식자의 공격으로 꼭 필요한 소수의 지혜가
  멸실될 수 있다.
- 멸실된 지혜를 복원하는 데는 수세대 또는 수백 년이 걸릴
  수도 있다.
- 그것도 무리가 안정되게 유지되는 범위 내에서 가능할 뿐
  이다.
- 생존을 지킬 수 없으면 어떻게 될까, 절대 우위의 포식자
  에 의해 절멸되었다면…?
- 지혜가 없으면, 진화도 불가능하다!

6-5 ▶ 경륜의 우두머리가 없으면, 지혜는 단절된다

- 많은 동물군은 경륜의 우두머리가 무리를 이끌고 보존한다.
- 우두머리가 죽으면 그다음 연륜의 성체가 이어받을 뿐이다.
- 그래서 획기적인 새로운 지혜를 얻는 것은 거의 불가능하다.
- 생존을 담보할 수 있는 명가의 보도나, 인류의 경우 불과 같은 절대 비기를 얻기 전에는 한계가 있다.
- 결국, 지혜의 전수방법의 차이에 의해 동물과 사람으로 구분되고,
- 사람에 의해 동물이라는 이름으로 규정, 구조화되었을 뿐이다.
- 사람과 동물은 지구상의 자연에 의한 하나의 생명체일 뿐이고, 또한 공존해야 할 자연물이다.

6-6 ▶ 오도된 판단의 교정…?

- 사람은 그 많은 지혜로운 자료를 보유하고 있으면서, 왜 올바른 판단에 서로 갈등하고 사생결단을 할까…?
- 마음속에 많은 Data가 생존에 유리한 것을 자동검색으로

제공되고 있어,

- 생각 없이 그대로 적용되므로, 생존에는 유리할 수 있으나…! (꼭 그런 것도 아니지만….)
- 공존에는 매우 불리한 선택을 하게 된다.
- 그리고 그것을 알았을 때는, 후회하고 삶이 퇴행화될 수 있다.
- 자동검색 Data와 현상 환경과의 차이를 잠시 유추해 봄은 어떨까…?
- 이러한 것들이 영원회귀를 부추기는 결과가 되는 것은 아닐까…?

6-7 ▶ 인류는 왜 반복하는가…?

- 인류의 역사는 반복되는 듯하다. 잘 못된 인식일까…?
- 인류는 수많은 전쟁을 거치면서, 수많은 성찰을 하고서도 그 전철을 되밟고 있음은 왜일까…?
- 선천 Data의 빈도는 시간적으로 단순성이 중복되어 기하급수적으로 증가 된다.
- 현대의 복잡한 현상 환경에서 적용할 Data는 폭넓은 유형

과 사례로 분산되어 있어, 적합한 Data를 찾기 어렵고,

- 행적 Data의 최고빈도는 선사 환경의 단순행적 Data가 자동 제공될 수 있었다.

- 이 자동제공 결과에 의해 수없는 반복을 되풀이하는 것일까…?

6-8 ▶ 숲이 편안한 이유!

- 인류는 숲에서 시작했고, 대부분의 단순행적 Data를 숲에서 완성했다.

- 숲에서 채집과 수렵을 할 수밖에 없었고, 농경과 유목도 숲이 없으면 불가능하다.
- 사람은 첫인상과 첫사랑 등, 시원(첫 이미지)에 높은 가치를 두는데 그것은 마음의 시원이 그곳에 있기 때문일까…?
- 고향이 좋고, 어머니의 품이 푸근함도 시원의 가치를 수용함일까?
- 그렇다면 인류행적 Data의 시원은 어디서 왔을까…?
- 마음의 시원이 인류의 시원이고, 그곳이 어머니의 품일 수 있다.

6-9 ▶ 향수의 본향은 숲이다

- 사람들이 시원의 느낌을 중요시하는 것은 마음의 탓일까…?
- 우리들 마음이, 시원의 고향에서 충적되었음일까…?
- 고향에서 향수를 느끼고, 어머니 품에서 평안을 얻는다면…!
- 시원인 인류의 고향에서, 심리적 안정을 얻음은 필연일 수 있다.

- 인류의 본향은 숲일 수밖에 없고, 숲은 향수의 시원일
  수 있다.
- 힘들고 어려울 때, 향수의 본향에서 위로와 활기를 얻자.
- 그리고 새로 시작하자. 할 수 있다!

마음의 진화

펴 낸 날 2018년 5월 8일

지 은 이 함영도
펴 낸 이 최지숙
편집주간 이기성
편집팀장 이윤숙
기획편집 이민선, 최유윤
표지디자인 이윤숙
책임마케팅 임용섭
펴 낸 곳 도서출판 생각나눔
출판등록 제 2008-000008호
주   소 서울시 마포구 동교로 18길 41, 한경빌딩 2층
전   화 02-325-5100
팩   스 02-325-5101
홈페이지 www.생각나눔.kr
이 메 일 bookmain@think-book.com

• 책값은 표지 뒷면에 표기되어 있습니다.
  ISBN 978-89-6489-848-2 03180

• 이 도서의 국립중앙도서관 출판 시 도서목록(CIP)은 서지정보유통지원시스템 홈페이지
  (http://seoji.nl.go.kr)와 국가자료공동목록시스템(http://www.nl.go.kr/kolisnet)에서
  이용하실 수 있습니다(CIP제어번호: CIP2018011893).